闲置宅基地
复垦技术与工程实践

农业农村部农村合作经济指导司
农业农村部耕地质量监测保护中心 编著

中国农业出版社
北 京

图书在版编目（CIP）数据

闲置宅基地复垦技术与工程实践/农业农村部农村合作经济指导司，农业农村部耕地质量监测保护中心编著.—北京：中国农业出版社，2021.5

ISBN 978-7-109-28182-0

Ⅰ.①闲…　Ⅱ.①农…②农…　Ⅲ.①住宅建设一复土造田　Ⅳ.①F293.3

中国版本图书馆CIP数据核字（2021）第079261号

闲置宅基地复垦技术与工程实践

XIANZHI ZHAIJIDI FUKEN JISHU YU GONGCHENG SHIJIAN

中国农业出版社出版

地址：北京市朝阳区麦子店街18号楼

邮编：100125

责任编辑：贺志清　王琦瑢

版式设计：王　晨　　责任校对：刘丽香

印刷：中农印务有限公司

版次：2021年5月第1版

印次：2021年5月北京第1次印刷

发行：新华书店北京发行所

开本：880mm×1230mm　1/32

印张：6.25

字数：165千字

定价：50.00元

编　委　会

前　言

用好农村土地资源是实现乡村振兴的重要物质依托。我国闲置宅基地呈现“量大、分散、单块面积相对较小”的特点，大规模复垦工作很难实现，闲置宅基地复垦率低；同时，闲置宅基地复垦监管不到位，复垦后验收质量不达标导致抛荒等问题严重。实施闲置宅基地复垦能够盘活农村土地资源，打通耕地与宅基地之间的转换途径，有利于控制耕地总量减少，提高耕地质量，实现耕地总量的动态平衡，维持耕地资源与人口之间的平衡，使有限的耕地资源满足各项用地需求，实现经济、社会长期稳定、持续发展。

本书编写人员来自农业农村部农村合作经济指导司、农业农村部耕地质量监测保护中心、安徽理工大学、中国农业大学等单位。本书针对闲置宅基地复垦全环节，详细阐述了其理论、技术与实践等，共计六章。第一章介绍了闲置宅基地复垦的相关概念与内涵，并对国内外闲置宅基地复垦工作研究与进展进行了分析，由张世文、黄元仿、仲鹭勍、杨帆、徐清风、王邱驰、马晔、李阳等编写。第二章在可持续发展理论的指导下，从宅基地复垦的不同环节介绍了复垦工作的相关理论，明确了理论框架，由黄元仿、张世文、于茹月、刘林凯等编写。第三章提出了我国闲置宅基地的复垦分区以及结合不同分区的复垦质量控制标准，由张世文、姜博森、于茹月、庄红娟、胡炎等编写。第四章重点阐述了闲置宅基地复垦的调查阶段、内容以及方法，由张世文、沈重阳、刘林凯、孔晨晨、姜博森、于茹月、贾伟等编写。第五章总体提出了闲置宅基地复垦的工程体系并分别阐述了不同工程的实施标准和注意事项，由张世文、杨宁、刘林凯、姜博森、聂超甲等编写。第六章结合调研选取典型闲置宅基地复垦地区进行实践分析，进一步提出问题和建议，由杨帆、黄元仿、张世文、沈重阳、夏沙沙、胡青青、杨宁、胡炎、贾伟等编写。

本书可为从事闲置宅基地复垦的政府主管部门、企事业单位人员提供技术参考，也可作为土地整治工程、土地管理、土壤学、环境工程等专业的本科生和研究生的辅助教材。

本书的编写得到了自然资源部国土整治中心、中国地质大学（北京）等相关部门和人员的大力支持和帮助。本书是在部分研究生共同参与下完成的，在此一并表示诚挚的谢意！

由于时间仓促、资料有限，对很多问题的研究有待进一步深化，望读者谅解。

编　者

2021年1月

目　录

第一章

闲置宅基地复垦基本概况

第一节　宅基地概念与制度变迁

一、宅基地概念

《土地基本术语》（GB/T 19231—2003）中规定，宅基地为“经依法审批，由农村集体经济组织分配给其成员用于建筑住宅及其他有关附属物的、无使用期限限制的集体土地建设用地使用权”。《土地管理法》规定“农村村民一户只能拥有一处宅基地，其宅基地的面积不能超过省、自治区、直辖市规定的标准。农村村民住宅用地，经乡镇人民政府审核，由县级人民政府批准”。我国学术界针对宅基地的概念主要分为以下 5 种观点：

第一种观点认为农村宅基地包括建筑用地和活动用地两个部分，其中建筑主要包括住房、基础设施厕所、水井等，而活动用地主要包括与建筑用地紧密结合，住宅成员活动和晒粮食的院坝等没有建筑物的、也无法耕种的空白用地；第二种观点从宅基地的功能角度分析，将农村宅基地定义为在农村集体所有的土地上个人建造的供家庭居住住宅的土地；第三种观点认为农村宅基地是农村村民用于建住房及与居住生活相关的建筑物、设施用地，也就是住房用地和必要的附属设施用地；第四种观点将农村宅基地定义为已建房屋、建过房屋或准备用于建造房屋的土地，它包括建造了房屋的土地、建过房屋但已无上盖物不能居住的土地和准备建房用的规划地 3 种类型；第五种观点从农村宅基地本身的使用性质出发，认为可以将其区分为生活类用地和生产类用地。供生活所用的宅基地，如住房等；供生产所用的宅基地，如绿化用地和其他生活服务实施用地等。

依据我国有关法律法规，农村宅基地定义为：农村村民用于建造住宅及其附属设施的集体建设用地，包括住房、附属用房和庭院等用地，不包括与宅基地相连的农业生产性用地、农户超出宅基地范围占用的空闲地等土地。从土地性质和用途来说，农村宅基地属于集体建设用地。

二、宅基地制度变迁历程

宅基地制度是中国特色土地制度的重要组成部分，其核心是维护农村土地集体所有和保障农民基本居住权利。中华人民共和国成立以来，历经演变，我国农村宅基地框架已大致形成，其基本特征是：集体所有、成员使用，一户一宅、限定面积，无偿取得、长期占有，规划管控、内部流转。这一制度在保障农村“户有所居、民不失所”等方面发挥了极为重要的作用，促进了农村经济的发展和社会的稳定。其产权变迁历程主要分为以下 3 个阶段：

（一）中华人民共和国成立初期土地公有制确立阶段

中华人民共和国成立初期，为了迅速提高农民的生产积极性，在总结过往土地政策经验基础上，于 1950 年颁布了《土地改革法》，其主要内容为没收地主的土地，分给无地少地的农民，把封建剥削的土地所有制改变为农民的土地所有制。从法律上看，土改前后的土地所有权关系均为土地私有制，土地改革就是要废除以封建地主阶级主导的封建半封建土地所有制。1954 年颁布的《宪法》明确规定了国家对农民土地所有权的保护，并对包括土地在内的私有财产享有继承权。

1956 年社会主义改造基本完成后，土地制度发生了新的变化，农民的私有土地无偿转给农村合作社集体所有，但是对于作为生活资料的房屋，则一直强调不实行“公有化”。1956 年 6 月通过的《高级农业生产合作社示范章程》第 16 条规定：“社员原有的坟地和房屋地基不必入社。社员新修房屋需用的地基和无坟地的社员需用的坟地，由合作社统筹解决，在必要的时候，合作社可以申请乡人民委员会协助解决”。国家虽未明令禁止通过买卖、出租等方式自由流转宅基地产权，但此前农民所拥有的宅基地产权发生了变化，宅基地农民私有转为集体所有、农民使用。

（二）宅基地所有权与使用权分离阶段

1958 年后我国农村合作社规模进一步发展，《关于把小型的农业合作社适当地合并为大社的意见》《中共中央关于在农村建立人民公社问题的决议》《农村人民公社工作条例》等文件相继出台，中共中央决定将各地小型农业合作社依需要合并转为人民公社，克服小农经济的弊端，进一步提高生产水平。1962 年《农村人民公社工作条例修正草案》（即“人民公社六十条”）明确规定了包括宅基地在内的土地均归属于生产大队，农户拥有宅基地使用权和房屋所有权，但禁止社员出租或买卖宅基地。任何单位和个人占用集体所有土地，必须经过县级以上人民委员会审查和批准。

改革开放后，农村经济水平有了明显提高，建房增多，但由于村镇规划不完善，占用耕地的情况频繁出现。针对此类现象，1982 年 2 月，国务院颁布《村镇建房用地管理条例》，提出宅基地限额要求，并对特定城镇居民取得宅基地的合法性作了规定。1986 年我国颁布的《土地管理法》第三十八条规定：“农村居民建住宅，应当使用原有的宅基地和村内空闲地。使用耕地的，经乡级人民政府审核后，报县级人民政府批准；使用原有的宅基地、村内空闲地和其他土地的，由乡级人民政府批准。农村居民建住宅使用土地，不得超过省、自治区、直辖市规定的标准。出卖、出租住房后再申请宅基地的，不予批准。”该法还进一步明确了宅基地属于集体所有，对土地的所有权及使用权进行了细化说明。1997 年 4 月，中共中央、国务院印发《关于进一步加强土地管理切实保护耕地的通知》，第一次以中央文件形式提出“一户一宅”的要求。1998 年修订的土地管理法，删除了 1986 年土地管理法关于城镇非农业户口居民使用集体土地建住宅的规定，规定了“农村村民一户只能拥有一处宅基地，其宅基地的面积不得超过省、自治区、直辖市规定的标准”，即“一户一宅、限定面积”。

虽然上述立法明确禁止宅基地流转，但并未限制宅基地上房屋的流转，导致现实中很多人通过房屋流转间接获取宅基地使用权。1999年发布的《国务院办公厅关于加强土地转让管理严禁炒卖土地的通知》对这种投机现象明令禁止，规定城镇居民不得购买农民房屋以及占用农村集体用地私自建造房屋。

为进一步加强宅基地管理，正确引导农村村民住宅建设合理、节约使用土地，切实保护耕地，2004年10月21日，国务院下发了《国务院关于深化改革严格土地管理的决定》（国发〔2004〕28号），针对圈占土地、乱占滥用耕地等突出问题，提出了深化改革、健全法制、统筹兼顾、标本兼治，进一步完善符合我国国情的最严格的土地管理制度的明确要求。原国土资源部印发了《关于加强农村宅基地管理的意见》，进一步严格宅基地申请条件，加强农村宅基地登记发证工作，切实保障“一户一宅”制度的落实。同时还强调积极推进农村建设用地整理，因地制宜组织开展“空心村”、“闲置宅基地”、“空置住宅”和“一户多宅”的调查清理工作，为闲置宅基地复垦工作的开展提供了制度保障。

2007年《物权法》出台，土地产权制度从此进入物权制度体系，明确宅基地使用权为用益物权。但对于宅基地使用权流转的问题仍然选择暂时回避。《物权法》在初期拟定草案时还曾允许宅基地使用权流转，但后续却又对其进行了限制，最终选择了暂时搁置这一问题，这一方面反映了国家对宅基地使用权的身份属性及广大农民基本权益的重视，同时也体现了国家对宅基地使用权自由流转所致风险的顾虑和担忧。

（三）宅基地三权分置阶段

2015年以来，根据中共中央办公厅、国务院办公厅印发的《关于农村土地征收、集体经营性建设用地入市、宅基地制度改革试点工作的意见》，全国33个县（市、区）开展农村宅基地制度改革试点。各地按照“依法公平取得、节约集约使用、自愿有偿退出”的目标要求，围绕“两探索、两完善”，即完善宅基地权益保障和取得方式、探索宅基地有偿使用制度、探索宅基地自愿有偿退出机制、完善宅基地管理制度开展了相关试点，取得了积极进展。2018年中央1号文件作出探索宅基地所有权、资格权、使用权“三权分置”的改革部署后，山东禹城、浙江义乌和德清、四川泸县等试点地区结合实际，探索了一些宅基地“三权分置”模式。2019年，农村宅基地制度改革试点工作取得的成熟经验在新修订的土地管理法中得到体现。但由于试点内容较少、覆盖面小，改革探索还不够充分，宅基地制度中的一些深层次矛盾和问题依然存在。

2019年中央1号文件提出，稳慎推进农村宅基地制度改革，拓展改革试点，丰富试点内容，完善制度设计。2020年中央1号文件提出，以探索宅基地所有权、资格权、使用权“三权分置”为重点，进 步深化农村宅基地制度改革试点。2018年以来，中央农办、农业农村部、自然资源部、国家发展改革委等部门先后印发《关于进一步加强农村宅基地管理的通知》《关于规范宅基地审批管理的通知》《关于积极稳妥开展农村闲置宅基地和闲置住宅盘活利用工作的通知》《关于保障农村村民住宅建设合理用地的通知》《关于农村乱占耕地建房“八不准”的通知》《关于保障和规范农村一二三产业融合发展用地的通知》等文件，对加强宅基地管理、优化宅基地申请审批程序、落实农民建房用地条件、有序盘活闲置宅基地和闲置农房等工作作出了系统部署，初步建立了农村宅基地管理的制度框架。2020年6月30日，习近平总书记主持召开中央全面深化改革委员会第十四次会议，审议通过了《深化农村宅基地制度改革试点方案》。9月29日，中央农办、农业农村部召开深化农村宅基地制度改革试点电视电话会议，在全国104个县（市、区）和3个地级市启动实施新一轮农村宅基地制度改革试点。新一轮改革试点将重点围绕宅基地所有权、资格权、使用权“三权分置”，探索完善宅基地分配、流转、抵押、退出、使用、收益、审批、监管等制度的方法路径，总结一批可复制、能推广、惠民生、利修法的制度创新成果，为建立依法取得、节约利用、权属清晰、权能完整、流转有序、管理规范的农村宅基地制度提供实践经验（图 1-1）。

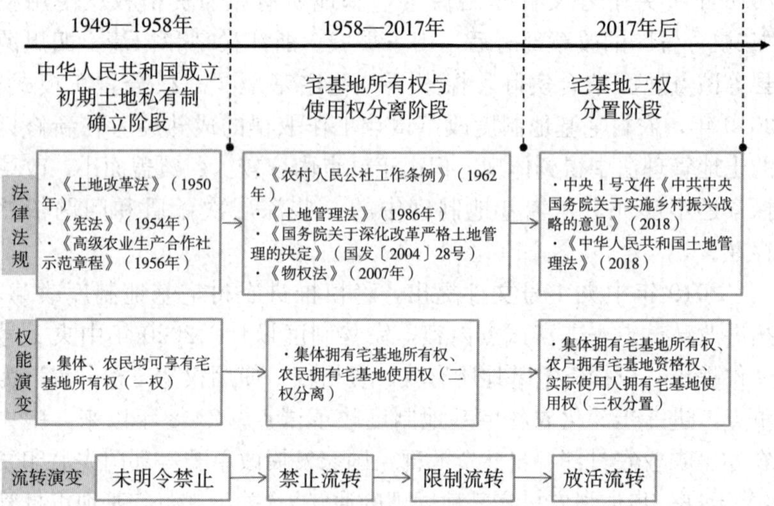

图 1-1　宅基地产权制度变化

第二节　闲置宅基地概念与成因

一、闲置宅基地概念

闲置宅基地概念的界定目前无论是法律规定还是研究领域，都还没有统一的认识。从地上建筑物角度分析，有的学者将闲置宅基地界定为地上建筑物、附属物的闲置和低效利用；也有学者认为闲置宅基地指地上建筑物在一定时间内无人居住或使用，包括新、旧建筑物；从单纯的宅基地角度，有的学者认为闲置宅基地是一定时期内，宅基地本身及其地上建筑物的未充分利用，其用途没有充分体现所具备功能的宅基地；也有相关学者认为，只有我国农村才会出现闲置宅基地，不管宅基地上有无建筑物，都会受各种各样因素的影响而没有发挥出宅基地应有的效能（图 1-2）。农村闲置宅基地内涵很丰富，本书以为闲置宅基地内涵应包括未建空置、建而闲置两个方面。

图 1-2　闲置宅基地

二、闲置宅基地成因分析

导致宅基地闲置的因素众多，主要包括以下 3 种：

（一）城市化进程加剧农村宅基地闲置

随着经济的发展，我国城市的基础设施建设不断完善，正在发生日新月异的变化。城市对劳动力的需求急剧上升，较高的薪酬水平与较为完善的保障体系吸引着农户前往城镇发展，在拥有一定经济收益后便选择在当地购置商品房定居，其户口也从农业户口转为非农业户口。农转非户口的人群不仅在城市拥有属于名下的住房，同期还在农村保留着个人的宅基地，农村集体组织或村委会也无权将其宅基地使用权收回，使其在农村的房屋随即闲置下来，由于农村的房屋投资价值不高，基本上无人购买再利用。

（二）退出机制空缺导致农村宅基地闲置

目前我国已开展了一些宅基地退出机制的尝试，主要包括以下4种：①政府主导模式。在资金方面，该模式由政府牵头，与乡村振兴、土地整治等项目结合开展，有着相对充足的资金支持宅基地退出模式的实现。同时后期还可与水利、农业、自然资源部门合作，共同推进宅基地复垦、周边水利设施等配套工程建设。由于政府预先做好搬迁宅基地居民意向调查、工程招标等各项工作，宅基地的拆除、搬迁工作效率高，是退出模式中最为普遍的一种。②市场主导模式。该模式通过建立宅基地价格机制，充分实现市场对宅基地资源的合理配置作用，河南省宅基地复垦模式便是基于该种模式，为闲置宅基地的复垦利用提供了更广阔的平台支撑。③企业主导模式。企业通常选取位置条件较好、发展潜力较大的地区实施宅基地退出，承担了宅基地退出和补偿过程所需的人力和财力，对房屋及其主要附属物用地进行了拆迁和征地补偿，对已经腾退的房屋和宅基地进行了复垦和整理。④农户自发性模式。在各级政府等相关部门的监督下，由当地村组织实施宅基地退出模式，所占比例极少。

尽管已取得了一些成效，但仍存在一定的问题有待进一步加强。①农户参与程度较低，其主体地位缺失。在以政府为主导的宅基地搬迁过程中，政府决定了宅基地退出的补偿标准、退出程序、退出范围等与农民利益相关的内容，这些政策的出台是基于政府角度的考量，更多的是为了集约利用土地资源和地方的城乡发展规划的需要，推动地区经济发展。农户在这一过程中只能被动地参与，无法将个人的意见及时地向上反馈，使得本应处于主体地位的农户对宅基地退出工作的满意度不高。②缺乏统一的宅基地退出补偿标准和程序。《土地管理法》及其相关法律法规缺少农户退出宅基地的程序和补偿的解释，这是由多种因素共同造成的，包括社会经济发展背景、宅基地的属性、城乡二元社会结构和农民政治地位等。宅基地的补偿标准涉及房、地及货币的补偿问题，如何适当地选取补偿因素成为当前最需要解决的问题之一。③配套社会保障制度的缺失。农户退出宅基地进入城镇生活后，其户口、医疗保障等缺乏相关社会保障政策的支持，给农户的后续日常生活留下了一系列隐患，对社会稳定发展产生不利影响。

（三）财产权不明晰致使农村宅基地闲置

宅基地所有权不完整阻碍了其使用权的流转和退出。宅基地建筑物和土地不可分割的特殊性，使得在现有的法律法规框架下，即使拥有宅基地使用权的农户离开了拥有宅基地所有权的集体，该集体也难以收回宅基地，加上农村宅基地无法在市场上流转，不得用于抵押，使其市场竞争力和价值降低，导致大量农村房屋闲置，难以真正实现财产权。

除了以上成因外，传统思想观念、节地意识、投资理念和家庭结构也是导致宅基地闲置的因素。

三、闲置宅基地分类

（一）闲置宅基地分类原则

闲置宅基地分类的基本原则主要包括以下 6 个：①合法性原则。遵循合法性原则，科学分类农村闲置宅基地，有效避免农村宅基地纠纷。②合理性原则。根据当前农村实际情况，结合民风民俗，设定合理的划分依据，有利于农村闲置宅基地的鉴别，更有利于盘活农村宅基地，提高利用率。③统一性原则。对同一类型闲置宅基地按照统一标准和指标进行分类，使同一宅基地类型具有相同的内涵，具有土地利用方式和结构相似性或相同性的特点。④科学性原则。根据信息分类的客观依据，选用事物或概念的最稳定的本质属性或特征作为分类的基础和依据。⑤可扩充性原则。指分类体系的建立应满足事物的不断发展和变化的需要，留有余地。⑥系统性原则。将选定的事物或概念的属性或特征按一定逻辑关系、排列顺序予以系统化，并形成一个逻辑结构清晰的分类体系。

（二）闲置宅基地分类体系

根据不同的划分依据，闲置宅基地的分类也不相同，在明确农村闲置宅基地概念的前提下，依据农村闲置宅基地分类原则，结合农村闲置宅基地的实际情况，按照不同的方式对农村闲置宅基地进行分类（表1-1）。

1. 按形成原因分　可分为经济收入增加择地盖新房型、家庭人口数量变化型、受相关法律制度的认知影响型三类。经济收入增加择地盖新房型属于缺乏管理导致的闲置类型。还可以分为一户多宅造成的闲置和原住户季节性打工造成的闲置。

2. 按闲置范围分　可分为整体和部分闲置（低效利用）两类。整体闲置是指宅基地的全部闲置，包括主房和附房。部分闲置是宅基地某些部分虽得到利用，但尚有部分应该使用而未使用，其利用率低于正常水平，也就是所谓的低效利用。

3. 按闲置程度分　可分为绝对和相对闲置两类。绝对闲置是指宅基地没得到任何利用，处于完全的闲置状态。所谓相对闲置，指宅基地虽被利用但没有按规定用途得到合理利用，其利用价值未得到应有的实现，如使用者外出务工而造成的宅基地利用率降低。这类宅基地虽然处于非闲置状态，但事实上仍是资源的一种浪费。

4. 按闲置时间分　可分为长期和短期闲置两类。根据土地管理的有关法律法规，闲置两年以上的土地为常年闲置。从调查和农村实际情况看，一般把地上房屋无人居住时间超过一年的宅基地视为长期闲置宅基地，将闲置一年以内的宅基地视为短期闲置宅基地，其中需特别指出的一种短期闲置的情况是，使用者在外地打工，只在春节期间在家居住，也可以称作季节性闲置或者“候鸟型”闲置。

5. 按主观因素分　可分为故意和无意闲置两类。故意闲置是指宅基地使用者占用土地的目的不是为了建房，而是为了占用土地，为后代人留用，或者为了谋取土地经济利益，像土地征收。无意闲置有以下几种情况，一是指因为宅基地纠纷引起的迟迟无法进行利用造成的闲置，二是因为资金短缺等原因宅基地整理复垦滞后产生的闲置，三是因为政策法规的滞后，现行的法律中并没有明确允许宅基地能够进行流转，而各地的政策制度不一，有些允许流转并有很多试点。这种宏观政策上的不允许也无意中造成一部分宅基地的闲置。

表 1-1　闲置宅基地分类

分类角度	类别	内涵
闲置成因	经济收入增加择地盖新房型	收入增加后加盖新房
	家庭人口数量变化型	分家或老人离世新增闲置住房
	受相关法律制度的认知影响型	缺乏相关法律知识造成闲置
	人口进城型	人口进城导致宅基地闲置
闲置范围	整体闲置	宅基地全部闲置主房和附房
	部分闲置	宅基地部分空置、废弃等
闲置程度	绝对闲置	完全闲置
	相对闲置	利用欠合理，利用率低
闲置时间	长期闲置	闲置时间大于 1 年
	短期闲置	闲置时间 1 年以内
闲置主观因素	故意闲置	利益驱动
	无意闲置	纠纷闲置，资金短缺闲置等

第三节　闲置宅基地复垦概念、现状与意义

一、闲置宅基地复垦概念

2008 年发布的《中共中央关于推进农村改革发展若干重大问题的决定》指出，“农村宅基地和村庄整理所节约的土地，首先要复垦为耕地”，因此，补充被占用耕地是闲置宅基地复垦的重要任务之一。同时为保证农村宅基地复垦后的耕地质量，《国土资源部关于强化管控落实最严格耕地保护制度的通知》（国土资发〔2014〕18 号）强调“土地整治补充耕地要先评定等级再验收，没有达到要求的不得验收”。

综合考虑各类指导政策和研究成果，本书认为闲置宅基地复垦应指按照“优先复垦为耕地，提高土地利用效率”的原则，通过对现有宅基地中存在着废弃地、闲置地、多占地等土地浪费现象以及

粗放的宅基地利用方式进行综合整治，恢复至其他土地利用类型的行为（图 1-3）。

图 1-3 闲置宅基地复垦

二、闲置宅基地复垦现状

我国农村宅基地总面积约为 1.7 亿亩①，约占集体建设用地的 54%，约有 1 819 万亩闲置宅基地。目前待复垦的荒旧宅基地面积的 70%（即 1 270 万亩）可以复垦为耕地。按年亩产粮食 500 千克计算，每年可新增粮食 63.5 亿千克，若剩余的复垦增加的 549 万亩农用地用于发展水产、果园和畜禽养殖等，亩产值按 1 500 元计算，可新增产值 82.35 亿元。由此可见，我国农村荒旧宅基地复垦有着很大的潜力，而目前这些潜在的资源大部分没有起到应有的作用。

① 亩为非法定计量单位，1 亩＝1/15 公顷≈667 米^2。—编者注

近年来，有关部门及各地地方政府均出台多项做好宅基地复垦工作的政策性文件，各地在宅基地复垦方面迅速开展工作，均取得了积极成效，有效减少了当地建设用地规模，提高了土地资源的利用效率。安徽省金寨县因地制宜，结合当地山区特色，在易地扶贫搬迁、水库移民搬迁、美丽乡村建设、地质灾害搬迁避让等多项扶持政策支持下成功解决了宅基地违建、闲置等问题，平均每户宅基地面积由 185 米^{2}减少至 153 米^2，达到了安徽省规定的最大宅基地面积小于 160 米^{2}的要求（图 1-4）。

图 1-4　金寨宅基地复垦成果

三、闲置宅基地复垦意义

（一）开展闲置宅基地复垦对于守住耕地红线至关重要

“中国碗盛中国粮”，我国人多地少，如何保护好关系到十几亿人吃饭问题的耕地，是头等大事。习近平总书记指出，“要像保护大熊猫一样保护耕地”。这是顺天应时的战略考量，也是党中央、国务院的深重嘱托。在坚守 18 亿亩耕地红线的大背景下，通过土地整治将农村中废弃房屋、危房等集中整理改造，可获得大量耕地资源，确保耕地“占一补一”，有效缓解农村发展时建设用地面积紧缺的难题。

（二）开展闲置宅基地复垦可以改善“三生”空间，惠及民生

部分坡度较高的闲置宅基地不适宜作为耕地，腾退后可复垦为林地，不仅可以防风固沙，减少自然灾害对当地的影响，还可减轻水流对土壤的冲刷作用，涵养当地水土资源，对当地的景观也有美化作用，大大改善了农村居住环境。通过宅基地复垦，改善了老百姓的生产生活条件，耕种利益明显提高，地票交易后平均每户可直接收入约 5 万元以上；复垦权利人补偿后自愿农转非达到户改参保条件的，可以申请参加养老保险以解决后顾之忧。

（三）闲置宅基地复垦可以提高农业生产效率

在预先进行科学的土地利用总体规划后进行“田、水、路、林、村”的综合整治，完善农田内道路、灌排配套设施，提高田块的规整程度，提升耕地质量，推进高标准农田建设工作。完善的农业生产设施，降低了农业生产风险，从而保证农业生产的稳定发展。

（四）闲置宅基地复垦为农村发展提供资金支持，助力脱贫攻坚

在城乡建设用地增减挂钩政策下，新增的耕地指标可以跨地区有偿转让用于城市建设用地，为当地农村发展筹备了一定资金。农民退出宅基地也获得了现金、住房等多种形式的补偿，进一步拓展了农户的宅基地收益权。把零星分散的自然村庄规划整合为农村居民点，引导农民有序向城镇、规划点集中，助力建设生态宜居的美丽乡村。

第四节　闲置宅基地复垦研究现状、演化与发展趋势

随着信息化社会的加速发展和网络应用的推广，学者们通过对

文献数据信息绘制科学知识图谱来实现学科知识的可视化，借此进行研究理论增长、研究范式转换、学科领域演进以及学科结构辨识等方面的研究。常见的信息可视化分析软件有 Citespace、PaperLens 和 Vosviewer 等。

Citespace 是由美国德雷克塞尔大学计算与信息学院陈超美博士开发的文献可视化软件；Vosviewer 是由雷登大学科学技术中心研究机构的相关人员专门开发利用的可视化软件，这两个软件都是基于 Java 环境下运行的免费计算机软件，用于可视化分析科学领域的文献分析。两者通过知识图谱分析作者、关键词及合作单位等知识单元的相似性与测度，构建和绘制各单元间相互关系，以探求研究领域关键路径及知识拐点，侧重于探测和分析学科研究前沿的演变趋势、研究前沿与其知识基础之间的关系，以及不同研究前沿之间的内部联系。

目前关于基于知识图谱分析的闲置宅基地复垦研究现状与进展鲜见报道，不同分析方法在分析对象选择上存在一定的局限性。拟采用 Citespace 与 Vosviewer 分析软件，以“宅基地复垦”或“农村土地整治”为主题词进行检索，建立研究分析主题热点的关键词共现关系图，以可视化的方式显示宅基地复垦领域的发展进程与结构关系。从多元、分时、动态的视角出发，对宅基地复垦领域文献进行信息挖掘，分析宅基地复垦领域的研究主题和前沿，明确宅基地复垦领域研究的演化路径、发展趋势和特点，以期对宅基地复垦领域的相关研究提供参考和借鉴。

一、数据来源与研究方法

中文文献数据来源于中国知网（CNKI）数据库，英文文献数据库来源于 Web of Science 数据库。

考虑到国内数据库在检索方式与数据格式上存在一定的差异性，中文文献数据检索采用六元组检索模型在 CNKI 上进行数据采集检索，六元组模型包含检索式、检索字段、检索模式、时间跨度、文献类型、数据来源六方面的检索设定。检索设置仅选取在

SCI期刊、EI期刊、核心期刊三类学术期刊中进行，以避免引入报告、新闻、会议通知等不相关条目。检索关键词为“宅基地复垦or农村土地整治”，经过筛选，共检索到385条记录。

在英文文献检索中，选取Web of Science数据库中的核心合集，检索关键词为“Rural Land Reclamation”，共检索到157条记录。

论文关键词共现关系图可用于分析研究领域内的关键词共现关系。在该类图中，每个节点代表一个关键词，如果两个关键词在同一篇文献中出现，则这两个节点之间即存在一条连线，边的权重等于两个关键词共现的次数。据此一组文献中的关键词共现关系就形成了以关键词为节点，以共现关系为边的网络图。其中节点半径大小代表关键词的词频（即包含该关键词的文献数量），节点以树的年轮形式表示该关键词在不同时段的演化规律。其中每一圈年轮的宽窄代表某一年该关键词出现的频次，年轮从里到外代表时间从远到近。

二、国家与研究机构

从英文文献发文量看，我国为相关领域发文量最高的国家，合计达62篇，占全部发文量的39.5%。其余发文量较多的国家依次为美国、意大利、英格兰、波兰、德国等，总体上虽共有55个国家发表相关文章，但发表文章数量达5篇以上的国家仅有9个，相关的国际化高质量研究项目有待进一步增加（图1-5）。

从国内高产机构和发文情况看，发表论文数量在10篇以上的机构共10家，发表论文数量共142篇，占样本论文总量的36.9%。国土资源部土地整治中心的发文量最高，发表文献数量分别达到27篇；中国科学院地理科学与资源研究所、西南大学资源环境学院、中国农业大学资源与环境学院、中国土地勘测规划院等机构的发文量也较高，土地学科综合实力较强的大学、研究所及企业为国内该领域的主导力量（图1-6）。

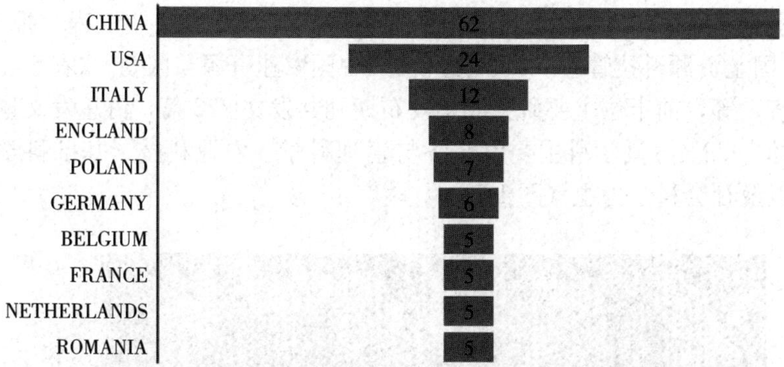

图 1-5　各国发文量分布

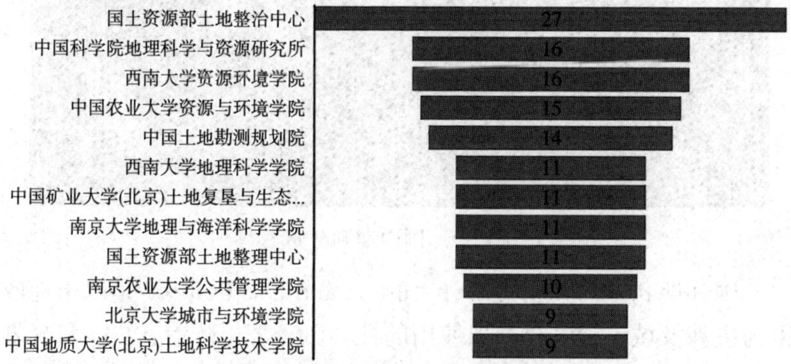

图 1-6　国内研究机构发文分布

三、期刊与学科特征分析

分析研究成果的来源期刊分布情况，可以为该领域文献搜集和前期知识积累提供方向，并在一定程度上反映研究领域的理论和实践价值。

从国内期刊刊文数量看，刊文量前两位的是《中国土地》与《中国土地科学》，两者的刊文数量分别达 97 篇、54 篇，其中《中国土地科学》是土地相关领域内较为权威的期刊之一，其 2019 年复合影响因子达 4.004。其他刊文量较大期刊有《农业工程学报》《国土资源科技管理》《农村经济》《中国农业资源与区划》《农业经济》等，前十位主要研究成果发布期刊共发文 228 篇，占总发文量的 59.2%。其学科主要以经济与管理科学、农业科技、基础科学以及社会科学为主（图 1-7）。

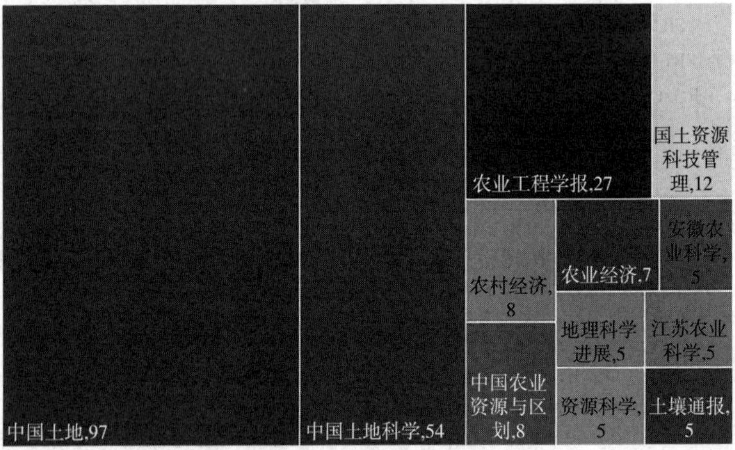

图 1-7　国内期刊分布

国外期刊方面，刊文量最大的《Land Use Policy》是以土地政策为主涉及城市和农村土地使用的社会、经济、政治、法律和规划等方面的国际性跨学科重要期刊，累计 8 篇；其次为以聚焦可持续性科学和发展的国际知名开源期刊《Sustainability》，刊文 6 篇。其他刊文量较大的英文期刊包括《Chinese Geographical Science》、《Habitat International》等，涉及环境科学、地理学、生态学、城市区域发展等内容（图 1-8）。

由此可见，宅基地复垦研究作为农业经济与环境方面的热点问题，其文献质量普遍较高，此外其他相关学科也对宅基地复垦研究非常重视，文理科均有涉及，这也表明了宅基地复垦工作涉及的领域跨度较大，是一项综合的大型工程。

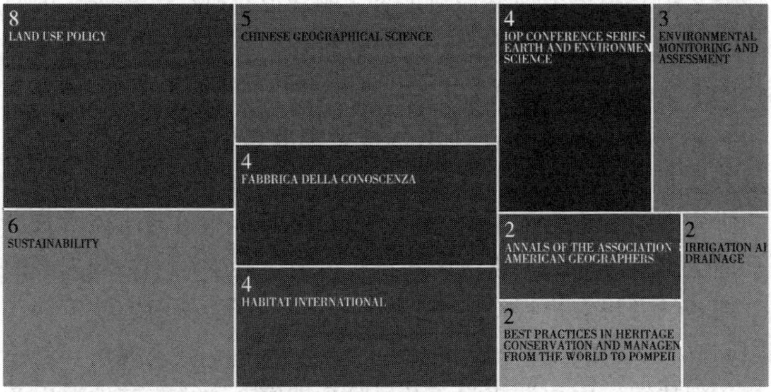

图 1-8 国外期刊分布

四、研究态势分析

（一）中文文献研究情况

2000—2020 年期间，我国宅基地复垦领域研究可划分为 4 个聚类领域。具体研究内容包括以下方面：

1. 聚类 1 为关于农村土地综合整治的聚类研究 该方面研究主要是采用遥感和地理信息系统技术建立相关模型，形成分时序、分空间的农村居民点潜力释放方案，对农村居民点整治模式进行甄别，为制定以人为本、因地制宜的农村居民点整治策略提供参考。运用空间统计学等方法开展了土地适宜性评价与空间分区的研究，并定量化得到不同地区农村土地综合整治的主要影响因素。此外，整治潜力测算与分析主要结合土地闲置率法、评价指标体系法和与各类科技创新相结合的辅助测算法等进行，并基于农户意愿的角度对农村土地综合整治类问题展开研究。

2. 聚类 2 为关于土地整治规划的聚类研究 该方面主要以农村土地整治中存在的问题及规划方案为主要研究对象。问题主要包括规划缺乏统筹和科学性，各规划在征求意见阶段不够充分，导致各种规划不能衔接，存在相互矛盾，村级没有村庄规划，以及未将影响农田环境、人居环境、生物环境的各因素纳入土地整治规划设计任务之中，脱离土地整治与生态文明建设有机结合等等。因此未来的农村土地整治方案应因地制宜、统筹城乡、多规合一，明确区域功能，重视生态环境工程设计、推动高标准基本农田建设。

3. 聚类3为基于农户角度对宅基地退出的聚类研究　该领域重点关注农户退出宅基地意愿调查分析及相关补偿政策及立法，常见的研究方法主要为采用Logistic回归模型对不同生计类型农户的宅基地退出意愿与行为影响因素进行分析。其中对于影响因素的研究，部分学者将农户视作一个整体，从宏观层面探究农地流转、户籍制度改革等对农户宅基地退出的影响。而基于微观视角，农户个人与心理特征、农户期望收益及风险预期等对农户宅基地退出意愿与行为亦产生不同影响，部分学者则探讨了不同分化类型、不同代际农户宅基地退出意愿或行为差异，以期形成良好的退出环境，增强社会示范效应。

4. 聚类4为关于土地利用的聚类研究　该方面主要从乡村振兴及农村劳动力等角度研究农村土地利用变化趋势，采用村庄均衡模型等研究农村劳动力代际变迁、农村人口结构、农地使用状况及农村经济状况等对农村土地利用的影响因素，并探讨了农村土地流转、乡村旅游等方式与农村土地利用的耦合效应，以期实现新时期农村土地高效合理利用，进一步激发农村发展潜力。

我国自20世纪末，农村居民点即出现占地面积过大、分散不均等一系列问题，此时的宅基地复垦工作主要体现在农村居民点整理方面。2000年起针对空心村整治问题的难点及对策也引发了学术界的广泛讨论。中央于2004年发布了《关于加强农村宅基地管理的意见》后，各地因地制宜地组织开展“空心村”和闲置宅基地、空置住宅、“一户多宅”的调查清理工作，推动了关于宅基地闲置影响因素分析、复垦策略等方向的研究。2014年12月，中央全面深化改革领导小组第七次会议审议了《关于农村土地征收、集体经营性建设用地入市、宅基地制度改革试点工作的意见》，提出了“三权分置”思想，在坚持农村土地集体所有的前提下，促使承包权和经营权分离，形成所有权、承包权、经营权三权分置，经营权流转的格局。在“三权分置”思想的指导下，宅基地产权的相关研究热度也逐步上升，进一步丰富了宅基地复垦工作的内涵（图1-9）。

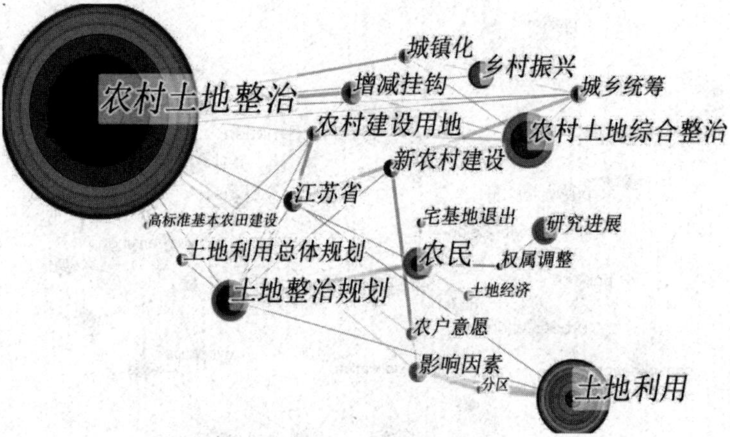

图 1-9　中文期刊研究领域聚类

（二）英文文献研究情况

在英文文献研究领域上，根据不同研究方向可分为三大方面：

1. 在社会科学方向上　研究从政策、驱动力、可持续发展等方向上展开，探索乡村空间整合与重构、农村土地制度演变、城市化进程等对宅基地复垦政策的驱动力。

2. 在自然科学方向上　研究从环境保护、气候变化、土地利用变化等方向上展开，通过加强农村居民点生态景观特征提升，开展土地生态健康修复、提升和维护，恢复和提升土地生态系统服务功能。

3. 在研究方法上　相关研究基于地理信息系统、遥感技术，结合长期采样分析，动态研究农村土地利用变化、土壤污染、农村水环境变化情况，为宅基地环境管理决策分析提供支持。

相比较而言，国内外在宅基地复垦研究领域存在一定相似之处，尤其在自然科学领域，借助各类测绘技术及统计模型在土地利用变化、土壤质量环境上均有一定创新成果。作为宅基地复垦领域最为重要内容之一的政策研究上，国内研究数量明显较多，这是因为我国农村面积广大、人口众多且地域性差异较大，相关政策仍需不断完善，有待进一步根据研究成果进行优化（图 1-10）。

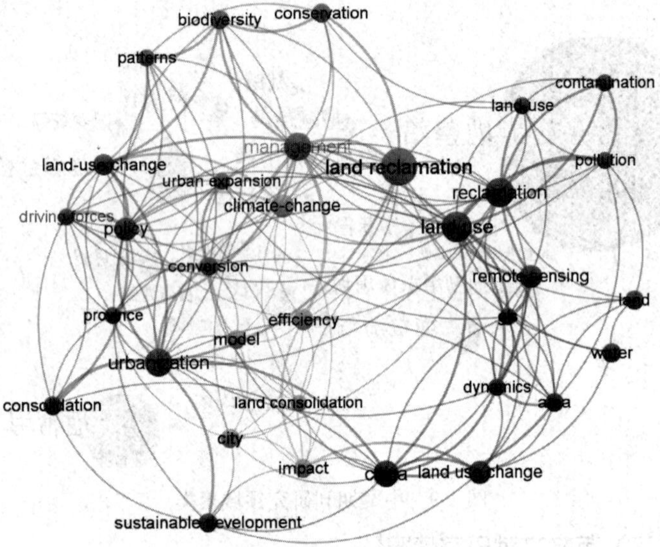

图 1-10　英文期刊研究领域聚类

五、未来研究方向分析

（一）基于中文期刊未来研究方向分析

基于中文期刊研究的时间图可以看出，相关领域的研究以 2011 年至今为主，相关的主要关键词为基于农村居民点整理与乡村土地利用开发机理研究的农业土地整治、户籍制度改革以及城市化发展背景下的农村劳动者研究、基于宅基地复垦与立法建设的土地整治等。

根据 2019—2020 年的主要研究方向分析，未来研究的主要方向可能会以乡村振兴领域中的土地整治工程、宅基地管理、宅基地盘活利用以及土地综合整治为主（图 1-11）。

在乡村振兴战略的领导下，未来的宅基地复垦工作通过外延整治与内涵整治相互结合，以推进区域全方位土地整治的有序开展。

关键词	年	热度	开始	结束
土地工程	2000	2.473 8	2016	2020
研究进展	2000	1.836 1	2014	2017
影响因素	2000	2.35	2014	2017
综述	2000	3.109 8	2015	2018
城乡统筹	2000	1.793 3	2012	2014
乡村振兴	2000	5.528 8	2018	2020
城乡建设用地增减挂钩	2000	2.729 8	2011	2012
农村土地整治	2000	5.130 9	2011	2012
土地整治规划	2000	3.415 1	2011	2012
新农村建设	2000	2.883 2	2011	2012
江苏省	2000	2.63	2012	2013
农村土地综合整治	2000	5.382 2	2013	2014
农村地区	2000	2.123 7	2013	2014
建设用地指标	2000	1.804 6	2014	2015
土地经济	2000	2.152 6	2016	2016

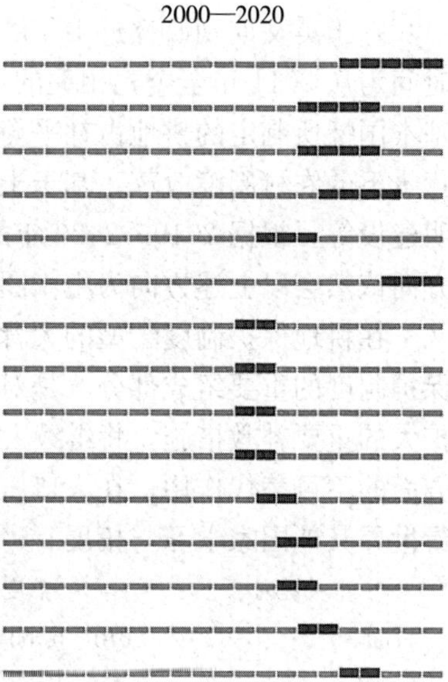

图 1-11　中文期刊研究领域时间

其中，外延整治是通过农田优化、产业融合以及农居盘活、生态美化、乡村旅游等模式开展；内涵整治则是通过耕地质量提升以及农村建设用地盘活利用、农村土地生态修复、农村永久基本农田调整优化等措施开展。

宅基地研究方面，2018 年后中央提出“三权分置”的重点改革方向，主要遵循以下制度构建思路：一是完善既有集体土地所有权；二是明确农户资格权的权利内容及功能；三是改造既有宅基地使用权，增强其财产权属性。最终通过宅基地财产功能的实现既加速城乡居民土地同权平等，又将宅基地资源在市场流转中实现最优配置，深化农村土地制度改革。

土地综合整治方面应充分结合生态环境以及社会经济共同发展的管理理念，在落实国家政策的过程中积极应用最新的科技进行土地管理，实现减少生产风险、提升生产效率、防止土地退化，实现土地资源可持续利用的最终目标。

（二）基于英文期刊未来研究方向分析

基于英文期刊研究近十年的时间图可以看出，相关领域的研究时间为从 2011 年至今，相关的主要关键词为基于我国人多地少的基本国情所制定的耕地占补平衡政策研究、在土地流转政策变化等背景下的农村制度改革、基于土地资源高效节约利用的土地生态文明建设等。根据 2019—2020 年的主要研究方向分析，未来的研究方向依然会以上述方向为主（图 1-12）。

在耕地保护制度转型的大背景下，耕地占补平衡作为中国耕地保护制度的重要组成部分，是对工业化、城镇化建设占用耕地不断扩大的重要补救措施，将继续发挥其优化国土空间、促进均衡发展方面的不可替代作用，在人口压力不断增加的背景下该项制度也值得世界其他国家学习与拓展。

关键词	年	热度	开始	结束	2010—2020
country	2010	0.700 6	2010	2014	
land	2010	0.700 6	2011	2015	
management	2010	1.091	2017	2020	
model	2010	0.981 1	2010	2012	
indicator	2010	0.981 1	2012	2014	
land use	2010	1.993 4	2015	2017	
cover change	2010	0.648 6	2016	2018	
agricultural abandonment	2010	0.648 6	2016	2018	
biodiversity	2010	0.976 4	2016	2018	
consolidation	2010	1.181	2018	2020	
policy	2010	1.967 7	2018	2020	
urbanization	2010	2.396 1	2018	2020	
growth	2010	1.126 6	2011	2012	
area	2010	0.703	2014	2015	
pattern	2010	1.662 6	2017	2018	

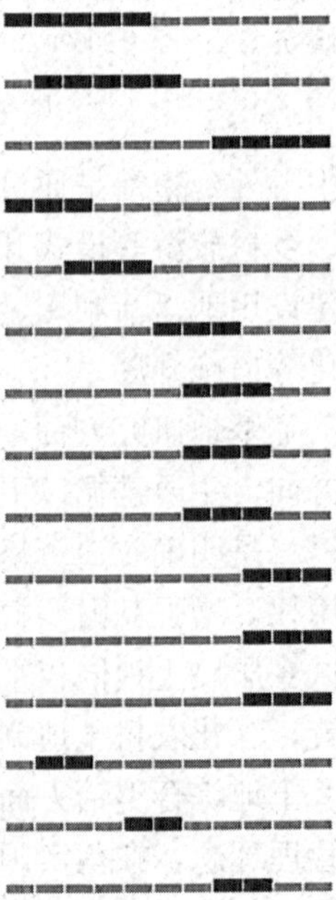

图 1-12　英文期刊研究领域时间

农村制度改革研究方面，美国农村土地管理制度较为规范，政府为了促进农地流转，先后颁布了《土地先购权法》《宅地法》等相关法律，并建立了一套较为完备的农地法律法规保障体系，充分保护了土地所有者权利。德国十分重视农地产权管理，统一后对原民主德国的公有农地实行私有制改造，建立了统一的农地产权保护和管理制度。同时，德国政府对农地实行田亩重新整理，对不同所有者的农地重新登记，并加以平整改造，使之更适合于机械化耕作。不同国家的土地政策为农村土地制度的进一步改革优化提供了更多思路。

土地生态文明建设方面，加强全球生态文明建设，助力土地工程与土地信息化的创新发展，构建、完善土地工程绿色技术创新体系等将持续作为土地生态文明建设的重要国际交流议题。

第二章 闲置宅基地复垦理论基础

闲置宅基地复垦是一项复杂的工程系统，包括前期调查与适宜性评价、实施复垦措施以及复垦后的验收与效果评价三部分。在复垦的整个过程中，我们需要遵循可持续发展的理论，使资源配置合理，经济结构合理，体现出社会化和专业化，这样才能在获得较高生态效益的同时，得到相对比较高的经济效益，最终实现经济、生态、社会可持续发展。

前期的调查与评价主要是为了确定宅基地复垦的方向及障碍因素，应充分利用遥感技术、现场调研、土地调查和年度变更调查等进行调查评价，涉及区位理论、土地规划理论、土地评价理论等。针对不同复垦方向，采用“地貌重塑-土壤重构-植被重建”实施复垦工程，需要土壤重构理论、水土保持理论、土壤改良原理、景观生态学、生态恢复理论等支撑。宅基地复垦工程完成后，采用耕地地力评价理论、土壤培肥理论、基础生态学理论进行验收与效果评价（图 2-1）。

第一节 可持续发展理论

可持续发展是指既满足当代人的需要，又不对后代人满足其需要的能力构成危害的发展。它是一种不损及我们所依赖的环境资源和社会基础的发展，它涉及社会、经济、人口、环境与资源、科技与教育的各个方面。实现经济、社会、环境资源可持续性，是可持续发展的最终目的。可持续发展包括经济持续、社会持续和环境资

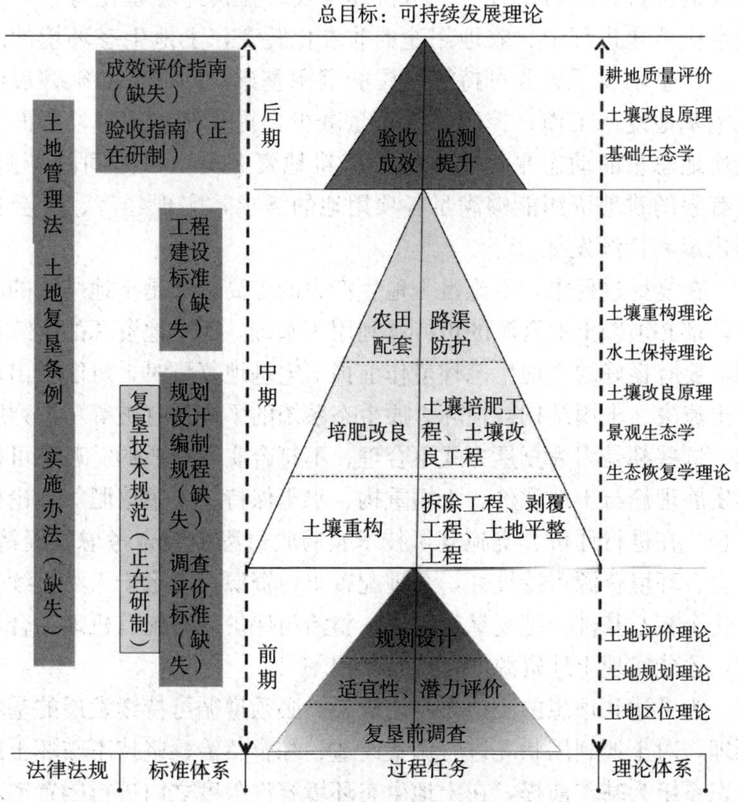

图 2-1　闲置宅基地复垦理论框架

源持续发展，他们之间互相关联而不可分割。环境资源的可持续利用是基础，经济的持续发展是条件，社会的持续发展是目的。

宅基地资源作为一种特殊的国土空间，是社会经济可持续发展过程中的重要基础。但宅基地的盲目扩张，占用了大量的耕地资源，同时闲置旧房也占用了大量的土地。农村人口非农化引起的“人走屋空”以及农村住宅的“建新不拆旧”造成了村庄宅基地空心化。这些闲置的土地，浪费了有限的土地资源，恶化了农民的生活环境，不利于农民扩大再生产和农村经济的可持续发展；进一步加剧了人地矛盾，严重影响了新农村建设和城乡统筹发展的推进，阻碍了社会的可持续发展；在快速城镇化背景下和城乡一体化进程中，农地用途的非农化转变，土地生态环境的恶化，严重削弱了农业可持续发展的资源基础。因此，必须开展闲置宅基地复垦工作，控制耕地总量减少，提高耕地质量，全面实现耕地总量的动态平衡，才能维持耕地资源与人口之间的平衡，使有限的耕地资源能够满足各项用地的需求，实现经济、社会长期稳定和持续发展。

在复垦过程中，不论是土地生产力的提高，还是土地结构的改善，都必须以土地资源的可持续利用为基础，而土地资源的永续利用，要有良好的土地生态环境作前提。宅基地复垦时，可能会出现水土流失、土壤结构被损坏、原生态系统的平衡被打破等一系列问题，这些都是因为复垦方式不合理，不符合实际造成的。若将可持续发展理论与土地评价、土壤重构、水土保持、土壤培肥等理论相结合，在进行评价、实施复垦技术及验收过程中综合考虑其经济、社会、环境资源可持续性，合理配置土地资源，立足于人类持续生存这个核心基础，把复垦、利用、整治与保护等措施有机地结合起来，才能实现土地资源的可持续利用。

为了达到理想的土地再利用效果，必须遵循可持续发展的基本原理，对土地利用状况进行调整改造、综合整治，坚持不破坏土地生态系统为基本前提，在土地生态环境容许限度之内进行闲置宅基地复垦。土地生态系统的环境容量在人类活动干扰下正不断发生变化，合理的土地利用能促进环境容量的提高。通过闲置宅基地复垦，有利于保护和提高土地生产力，降低生产风险，使土地产出稳定，保护自然资源潜力，防止土壤与水质退化，满足经济的繁荣和社会秩序的稳定。

第二节　前期调查评价理论

（一）土地评价理论

FAO 在 1976 年颁布的《土地评价纲要》中将土地评价定义

为：当土地作为特殊用途时，对土地的特征进行估计的过程。目前土地评价最为普遍的定义是指为了一定的目的，在一定的用途条件下，对土地质量的高低或土地生产力的大小进行评定的过程。土地评价因为不同的研究区域、不同的土地用途和不同的目的而有所差别。有从某一特定生产建设目的出发对土地质量的评价，有对某个地区土地利用后备潜力的评价，也有着重于某项特定生产目的适宜性程度的评价。根据评价的目的、方法、综合性程度和对象的不同，可将土地评价分为各种类型。

土地适宜性评价就是评定土地对特定用途的适宜程度。不同的土地用途对土地质量的要求和土地利用结构的要求不同，即土地适宜性评价结果随着土地用途的变化而变化。如影响农用地适宜性程度的多是土壤的自然属性及周边生态环境状况；建设用地关注焦点则集中于地形、地貌、周边交通条件和社会经济状况等。土地复垦适宜性评价是编制闲置宅基地复垦规划设计的一项基础性工作，它为合理确定土地复垦方向，实现土地利用结构的优化配置提供了导向意义。因此，对闲置宅基地进行土地适宜性评价，具有很重要的现实意义。目前，国内适宜性评价方法多种多样，主要有加权指数和法、指数积法、综合分析法、限制因素法、模糊聚类法、指数开方法等等。

评价待复垦的宅基地时，要考察土地资源对耕地、林地、草地及其他类型土地的适宜性和障碍因素，充分考虑其所在地理位置的气候、水文、土壤等自然条件的限制与路网密度、污染状况、灌溉条件及一些人为因素等。还应将自然、社会和经济因素综合起来，扬长避短，发挥优势，确定合理的土地利用方向，从而为合理复垦利用资源提供科学依据，避免盲目性和破坏性，增强科学性和现实性，使有限的土地资源得以可持续利用。宅基地复垦的适宜性程度还会随着土地破坏程度的变化以及其他自然、社会属性的变化而变化，具有一定的动态性。因此，在评价过程中，要综合考虑复垦区自然条件、未来发展前景以及因科技进步和生活水平提高所带来的社会变化。在此基础上，再结合本地区的特点和治理经验，采取切实可行的办法，最终确定复垦方向，以达到改善被破坏土地生态环境的目的。适宜性评价作为土地利用总体规划的专题之一，必须严格按照规程，按照衔接可行、综合平衡等原则转化为规划基数，在遵循上述相关法律、法规和文件要求的基础上进行宅基地适宜性评价的相关工作，最后得到科学合理的评价结果。

（二）土地规划理论

土地利用总体规划是国家及各级政府在一定历史阶段内，对所管辖范围的土地利用进行宏观调控、组织开发和监督保护的政府行为，其目的是根据土地资源利用状况、开发潜力和各业用地需求，对城乡土地利用做出统筹安排和综合部署，以获取最佳的经济、生态和社会效益。合理的土地规划能完善农村居民点的生产和生活环境，使村庄内部基础设施建设和宅基地的建设更加合理和规范，使土地得到充分使用。

闲置宅基地进行复垦时，需要结合村庄整体规划设计，从待复垦宅基地所在的区位条件和土壤本身特性出发，统筹考虑自然、社会、经济因素，兼顾眼前问题与长远发展。在条件允许的情况下，将闲置宅基地优先考虑复垦为耕地，将坡度大于25°、不符合复垦耕地条件的，以及零散分布于园地、林地中的闲置宅基地优先复垦为园地和林地。确定复垦为耕地的，再根据区位条件和发展潜力，确定复垦为旱地或水田。复垦后土壤自身条件较差但确定适合发展农业的，可以考虑采用设施栽培手段发挥土地效益。

因为区域自然条件、社会经济条件、文化条件存在差异，所以不同区域其社会经济发展的水平与结构不尽相同，在进行宅基地复垦方向规划时应充分考虑这些地域之间的差异，对各类土地利用布局要运用系统综合的协调理论来合理统筹安排，在时间、空间上实现各土地用途区之间的用地“换位”，并同时以机动指标配置、调节来实现规划指标的合理制定，该理论对闲置宅基地复垦规划设计的编制具有指导作用。闲置宅基地复垦是一项涉及工程技术、经济、法律、行政、管理等多个领域的系统工程，复垦规划设计的编制是重中之重，应包括但不限于以下内容：①综合说明。明确方案编制依据、内容以及项目区的位置。②项目分析。明确闲置宅基地利用现状、复垦适宜性与限制因素、水土资源平衡分析和新增耕地潜力等。③规划布局及权属调整方案。明确规划原则、复垦目标和质量控制标准、工程布局和土地权属调整方案等。工程内容上要明确工程类型、设计要求、工程量以及工程施工进度等。④投资预算。明确投资预算依据、投资量及来源等。⑤复垦效益分析。明确项目开展产生的社会、经济和生态效益。

（三）土地区位理论

区位理论是关于人类活动的空间分布及其相互关系的学说，起源于20世纪20～30年代的德国。区位理论的核心是对城市的土地利用合理配置，均衡布局，为活动安排具有最大利益的区位。区位的选择要综合考虑对区位主体起决定作用的因素，这些因素被称为区位因素，属于有利的区位条件，能为区位主体带来成本节约和最大效用。区位理论可为农村宅基地选址布局提供理论指导，一般农村宅基地的选址都会在最优的区位坐落。

宅基地复垦项目的选址体现了区位理论的应用。各种土地用途及方式在很大程度上受区位理论的影响，揭示了土地在一定用途条件下的空间分布规律，能够从理论上分析土地集约利用空间结构的形成机制。一方面，通过复垦把废旧宅基地转变为耕地，建新区的耕地变为城镇建设用地，实现了城乡土地的空间区位转移，使土地由效益低的农村用地类型转向效益高的城镇用地类型，土地得到了合理利用。另一方面，建新区的选址也需要优先安排在区位条件好、能够获得最大化效益的地区。

待复垦宅基地的空间布局受地质地貌、位置、交通、环境等综合条件影响，在复垦区位选择的过程中，首先要对区域中的自然、社会、经济条件等做到全方位熟悉与把控，应当充分分析原有区位因素，选择评价新的区位因素，在区域范围内来综合评估、确定用地方向和修复目标。农村宅基地的再利用也应该遵循区位理论，协调好空间布局，避免过分密集或分散。应用区位理论可为解释农村宅基地用地变化，尤其是空间变化及驱动力研究提供理论依据。

农村宅基地复垦作为土地再利用的一种形式，不同区位条件下宅基地复垦后的利用方式应有所不同，宅基地所具有的土地价值和增值潜力也不尽相同。这就意味着为充分保障农户合法权益，体现公平效率原则，不同区位条件下的农户获得的宅基地退出补偿应当有所区别。

第三节　中期复垦实施理论

（一）土壤重构理论

土壤重构的目的是对因建设宅基地而被破坏的土地进行土壤恢复或重建，通过采取适当的重构和培肥技术，应用工程措施以及物理、化学、生物、生态等措施，重新构造一个适宜的土壤环境条件和稳定的地貌景观格局，以人工再造的方式，在较短的时间内恢复和提高重构土壤的生产力，并改善重构土壤的环境质量。

我国农村建房的材料大多是砖石等材料，地基已经过人为活动反复地踏实。在宅基地复垦过程中，往往是比较粗放地用推土机将旧房或闲置宅基地进行推倒并整平土地，这样就导致大量的砖石等材料进入土壤，整地过程中的机械活动又对土壤进行再次的压实，进一步加重了土壤结构的破坏。因此，对土壤实施重构技术非常重要。

土壤重构技术主要包括两个方面（图 2-2）：①土壤剖面重构。是在地貌景观重塑和地质剖面重构基础之上的表层土壤的层次与组分重构。主要是指根据土地复垦区的土地条件，按照复垦后的土地利用方向，选择适合的方法和技术，对区域内被破坏的土地进行挖、铲、垫、平等处理，即剥离、回填、覆土和平整的技术过程。②土壤培肥改良。为加速重构土壤剖面的形成、土壤肥力的恢复和土壤生产力的提高，在工程重构过程中或者结束后，对重构土壤进行改良培植的技术。土壤培肥主要是增施有机肥（有机物），如有机肥、秸秆还田、种绿肥翻压还田等；土壤改良工程是指为改善土壤质地、减少或消除影响作物生长的障碍因素而采取的措施。包括沙（黏）质土壤治理、酸化和盐碱土壤治理、污染土壤修复等。过沙或过黏的土壤应通过掺黏或掺沙等措施，改良土壤质地，掺沙、掺黏一般应就地取材；酸化土壤应通过施用石灰质物质或土壤调理剂等措施；盐碱土壤应通过排盐工程和土壤调理剂等措施；污染土壤应通过物理、生物、化学等方法进行修复。

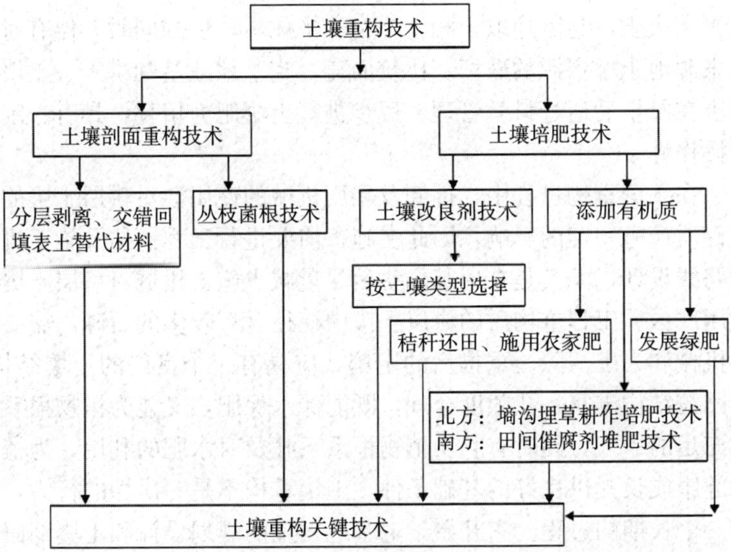

图 2-2　土壤重构关键技术

［来源于：景新超，梁勇，李希灿，高明秀，中部粮食主产区增量经济型土地整理水土重构技术研究，中国土地科学，2013，27（04）：66-71。］

耕层土壤工程重构是指在土地平整实施中，通过采取表层熟化土剥离回填、宅基地地基土翻耕、土墙土捣碎、外部客土等工程措施拓展土源，重新构筑耕层土壤的过程。由于长期无人居住，许多闲置宅基地上杂草丛生，枯草在表层多年累积，有效提高了土壤有机质含量，使得表层土壤具有较高的肥力水平。因此对于部分表面没有经硬化、废弃时间较久而形成具有一定肥力表层土壤的闲置宅基地，在复垦实施前应该先将表层疏松土壤进行剥离，待平整结束后再将该层熟化土壤覆盖回表层，这样可以充分利用已有土壤资源，提高复垦地质量，促进复垦土壤熟化。

在闲置宅基地复垦过程中有 3 种典型土源：土墙捣碎土、宅基地地基翻耕土和外部客土。通过采取宅基地地基土翻耕、土墙土捣碎、外部客土等工程措施拓展土源，重新构筑耕层土壤。土墙捣碎土的养分含量较为缺乏，而宅基地地基翻耕土和外部客土的土壤养分含量可达到中等或丰富等级。但外部客土的土源需要从附近的耕地剥离表土，与就地取土相比，在经济成本增加的同时，伴有对客土来源地土壤资源的破坏。比较而言，宅基地地基翻耕土、土墙捣碎土在复垦后通过科学管理，逐步进行土壤肥力培育，具有一定的可操作性。

在土壤重构过程中，拆卸及碾压机械的使用会对耕层土壤的物理性质产生一定的影响，因此在施工前要进行工程预估及施工机械的路线设计，尤其是在地基翻耕后尽量减少施工机械对耕层土壤的碾压次数。工程重构后的耕层土壤中往往含有较多的石砾，需要进行机械和人工清除。重构后的土壤，应具有一个良好的土壤结构，即团粒结构丰富，孔隙度合理，既能保水保肥，又能为植物根系提供充足的氧气，同时有利于植物根系下扎及对水肥的利用，为植物的健康成长提供良好的基础条件。土壤重构不是一次性的行为，而是一个长期的过程。它开始于宅基地复垦的规划设计和土壤剖面层次的重建，终止于重构土壤生产力的恢复与提高、土壤环境质量的改善，乃至区域生态的恢复，贯穿于整个宅基地复垦过程的始终，与土壤培肥理论堪称是宅基地复垦技术的核心。

（二）水土保持学

水土保持学是一门综合性科学技术，它为发展农业生产，治理江河与风沙，建立良好的生态环境提供了理论基础，有利于充分发挥水土资源的经济效益和社会效益，建立良好的生态环境。水土保持是指对自然因素和人为活动造成水土流失所采取的预防和治理措施，它主要研究水土流失形成、发生的原因和规律，阐明水土保持的基本理论。闲置宅基地由于利用保护不当，复垦前后水土流失现象较为严重，同时伴随着生境脆弱、表土流失、肥力下降等状况，反复的耕耘也造成了土壤腐殖质层的氧化，破坏了土壤的结构，所以，需要运用水土保持学理论进行治理与修复。

1. 水土保持学相关概念　水土流失是指在水力、重力、风力等外营力作用下，水土资源和土地生产力的破坏和损失，包括土地表层侵蚀及水的损失，亦称水土损失。其中，土地表层侵蚀是指在水力、风力、冻融、重力以及其他外营力作用下，土壤、土壤母质及岩屑、松软岩层被破坏、剥蚀、转运和沉积的全部过程。

土壤侵蚀从广义理解常被用作水土流失的同一语，它是水土保持的工作对象。土壤侵蚀是指土壤及其母质在水力、风力、冻融、重力等外营力作用下，被破坏、剥蚀、搬运和沉积的现象。通常分为水蚀、风蚀和重力侵蚀 3 种类型，土壤侵蚀成因如表 2-1 所示。人为加速侵蚀是指由于人们不合理地利用自然资源和开发建设活动带来的泥沙流失，这里主要是破旧宅基地产生的大量弃土、碎石块以及建房材料对土壤产生的加速侵蚀。破旧宅基地破坏地表植被后如不及时防护，随意倾倒废土弃石，形成虚土陡坡，一旦遇到暴雨或大风，就会产生大量的水土流失。

表 2-1　土壤侵蚀成因

自然原因	降雨	降雨是造成水蚀的主要原因。任何程度的降雨都会造成土壤发生侵蚀现象，侵蚀程度的大小取决于降雨强度和年内均匀程度。暴雨易引起水土流失。暴雨强度愈大，水土流失量愈多。
	植被	植被对于固定土壤的作用是显著的，植被覆盖广，密度大，可以很大程度上增加土壤的抗侵蚀能力，对于风蚀、水蚀的减弱作用更是显著。
	地形	地形的影响主要体现在坡面上，坡度大小和坡面长短都是重要的影响因素。坡面土壤受风力、重力、水等外营力的作用时，坡度角大、坡长长的坡面，土壤侵蚀量大。
	土壤	质地紧实的土壤透水性差，抗冲刷能力弱；质地疏松结构好的土壤透水性好，抗冲刷能力强。
	气候	特别是季风气候加剧土壤侵蚀。季风气候的特点是降雨量大而集中，多暴雨。

（续）

人为原因	人类对自然资源的不合理利用已造成严重的自然问题。比如人类的滥砍滥伐，降低了植被的覆盖程度；比如耕作方式的不合理，破坏了土壤的结构，降低了土地的生产力和土壤的抗蚀能力；还有在生产过程中的污染物的排放，会破坏土壤并且加速土壤侵蚀等等。

［来源于：李晓鹏，土壤侵蚀的成因、危害及治理措施，北京农业，2014（21）：248。］

2. 闲置宅基地复垦与水土保持学 由于复垦的农村宅基地大都使用年限较长，土地上附着房屋老旧，建筑物刚拆除之后的宅基地严重板结，长时间受房屋结构承压和人为活动等因素的影响，土壤毛细管孔隙较少，通气性、透水性、增温性较差，土壤吸水、吸氧以及营养物质的吸附能力很低，通透能力下降，满足不了耕地占补质量平衡要求。提高地力的水土保持措施主要有深耕地块、客土增厚增肥、种植水土保持林草等。这些措施能够蓄水分、保土壤，增加土地吸水能力，防止土壤流失，对于改善水土流失地区的农业生产条件，减少水、旱、风沙灾害具有重要意义。

若在南方雨量充沛的地区，刚退出的宅基地缺乏完善的排水设施，致使过多的地面水、土壤水和地下水难以排除，土壤中水、肥、气、热条件得不到改善，加之雨水冲刷，水土流失更加严重，使原本地力较差的耕地更加贫瘠，因此还需要修建一些排水设施来完成闲置宅基地的复垦。

（三）土壤培肥改良原理

1. 土壤培肥理论 土壤肥力是土壤物理、化学和生物学性质的综合反映，养分是土壤肥力的物质基础，温度和空气是环境因素，水既是环境因素又是营养因素。各种肥力因素（水、肥、气、热）同时存在、相互联系和相互制约。因此，归纳起来可以将土壤肥力定义为：土壤肥力是土壤能经常适时供给并协调植物生长所需的水分、养分、空气、温度、支撑条件和无毒害物质的能力。影响耕地土壤肥力的因素很多，如土壤质地、结构、水分状况、温度状况、生物状况、有机质含量、pH 等，凡是影响土壤物理、化学、生物性质的因素，都会对土壤肥力造成一定的影响。

闲置宅基地复垦重构耕层存在一定的肥力障碍。地基翻耕土和土墙捣碎土的有机质含量、速效养分含量均低于外部客土，尤其是土墙捣碎土的速效养分含量非常缺乏，且长期压占，土壤结构被破坏，直接影响土壤的通气透水、保肥保水性能以及养分的供给性能；与外部客土相比，地基翻耕土和土墙捣碎土中的微生物总数和多样性都大大降低。所以需要对其实施人为措施来提高土壤肥力，通过对其进行培肥处理可以使之不断熟化，生产力逐渐提高，以达到耕作土的要求。

有机质含量是土壤肥力水平的一项重要指标，对土壤肥力的影响是多方面的，它对土壤养分供应、土壤结构、土壤的生态功能都有重要的影响。提高土壤有机质含量是土壤培肥的重要内容。增加土壤有机质的途径有以下几种。

(1) 施用有机肥　我国农民素有施用有机肥的习惯，而且施用的种类和数量很多，如粪肥、厩肥、堆肥、沤肥、青草、幼嫩枝叶、饼肥、蚕砂、鱼肥等，其中粪肥、厩肥和堆肥是普遍使用的主要有机肥。长期使用有机肥，使土壤的熟化度提高，其肥力几千年来壮而不衰。

(2) 种植绿肥　绿肥是指把还在生长着的豆科绿色植物体翻入土壤做肥料。种植绿肥是培肥土壤、提高产量的有效措施。种植绿肥必须按各地的生产条件和栽培特点而定。与单一作物连作相比，实行绿肥或牧草与作物轮作可显著提高土壤有机质的含量。

(3) 秸秆还田　一般是指作物收获后将秸秆切碎，不经堆腐直接翻入土壤。秸秆还田不仅节省劳力和运输，可促进土壤结构的形成、氮素的固持以及土壤难溶性养分的释放。在进行秸秆还田时，要根据还田秸秆的 C/N 和田间肥力情况，适当添加速效氮肥。如果土壤肥力较低且前期施用粪肥较少，施用时必须添加适量的速效氮肥，以避免秸秆在土壤中腐解，引起微生物和作物竞争有效氮素，影响作物的生长发育。秸秆翻入后要适当镇压、灌水，有利于促进秸秆的分解，也可防止因秸秆架空，影响种子萌发。

(4) 其他途径　增加土壤有机质含量的途径很多，可以说一切能增加土壤有机物数量的方法都是增加土壤有机质的途径。如在南方平原地区，可以施用河泥、塘泥。城市近郊可适当利用城市生活污水和生活垃圾堆制的垃圾肥作为菜地的主要有机肥源。另外，还可以利用一些农产品加工的废渣和废液等。

增加有机质的途径要因地制宜。如以牧业为主的地区可采用粮草轮作或轮牧制度，以维持土壤有机质的含量；山区则应综合发展林牧业，并充分利用山青堆制青草肥；平原地区或集约化程度较高的地区可种植绿肥或秸秆还田，以增加土壤有机质的数量，使土壤肥力不断提高。此外，土壤有机质的分解速率和土壤微生物活动是密切相关的，因此可以通过控制影响微生物活动的因素来达到调节土壤有机质分解速率的目的。这些因素主要包括：土壤湿度与通气状况、温度、土壤反应以及有机质组成中的碳氮比等。

2. 土壤改良理论　土壤改良是指运用土壤学、生物学、生态学等多学科的理论与技术，排除或防治影响农作物生育和引起土壤退化等情况的不利因素，改善土壤性状，提高土壤肥力，为农作物创造良好土壤环境条件的一系列技术措施的统称。土壤改良主要是从土壤的耕性、结构、质地、污染状况等方面进行改良，使其满足作物生长的需要。

闲置宅基地几乎不存在人类的耕作活动，超过70%的复垦地土壤直接由宅基地墙体推倒、破碎、平整而成，且在复垦过程中，通常会存在表土剥离的现象。宅基地复垦土壤相当于生土，土壤产出率低，其耕性、结构、质地等方面通常较常规耕作土要差，作物产量和品质会大打折扣。因此，需要通过土壤改良措施使宅基地土壤变得适宜耕种。

(四) 景观生态学

1. 景观生态学基本理论　景观生态学是源自地理学、生态学、植物学及土地管理学的学科，是研究和改善空间格局与生态和社会经济过程相互关系的整合性交叉学科，探讨诸如森林、沼泽、草原、廊道和村庄等生态系统的异质性组合、相互作用和变化，其研究重点在于景观要素和生态系统的分布格局，景观要素中动物、植物、矿质养分和水分的流动和景观镶嵌体随时间的动态变化。其中空间异质性是景观生态学的核心问题。其研究方法主要有 RS、GIS、统计学方法和构建模型法等。景观生态学理论可以指导退化生态系统恢复实践，通过重建使所要恢复的各种要素具有合适的空间构型，从而达到退化生态系统恢复的目的。通过景观空间格局配置构型来指导退化生态系统恢复，使得恢复工作获得成功。因此，在宅基地植被重建以及道路设计、田块设计等措施中，均运用到了景观生态学理论。

景观生态学的研究对象和内容可概括为 3 个基本方面。①景观结构，即景观组成单元的类型、多样性及其空间关系；②景观功能，即景观结构与生态学过程的相互作用，或景观结构单元之间的相互作用；③景观动态，即指景观在结构和功能方面随时间推移发生的变化。景观的结构、功能和动态是相互依赖、相互作用的（图 2-3）。

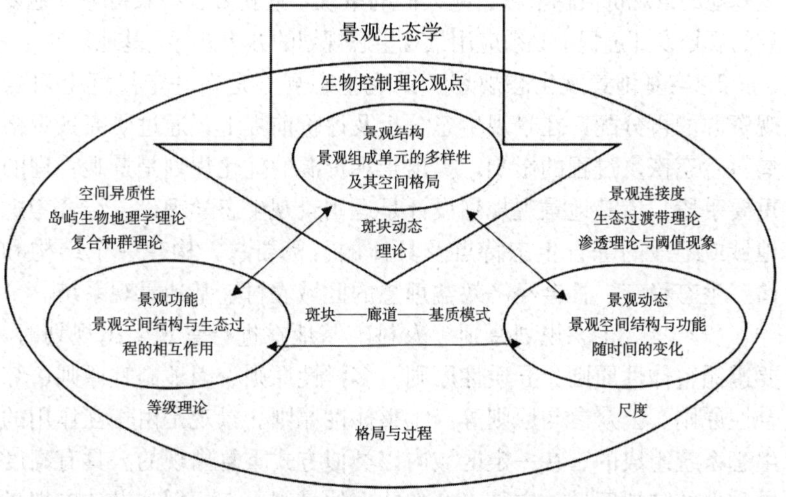

图 2-3　景观结构、功能和基本理论

（来源于：李敬峰，基于景观格局演变的农村居民点整理研究，南京农业大学，2008。）

2. 闲置宅基地与景观生态学 运用景观生态学进行景观生态建设，可以保证闲置宅基地复垦后生物的多样性，提高复垦后耕地的质量，有效地开发利用水源，改善生态环境为主要的整理方向。同时，加强基本农田建设与生态退耕相结合，工程措施与生物措施和景观设计相结合，既提高粮食的自给能力，又为农业生产提供稳定的保障。

当前宅基地复垦着重于建设用地面积的增加，均质化、硬质化处理，而农村宅基地的景观价值尚未引起足够重视，甚至被忽略。值得一提的是，随着景观生态学的进一步发展和环境、资源、人口等问题的日益突出，人们越来越重视生态环境的保护与农村的持续发展，传统的农村宅基地复垦面临着新的挑战。所以，农村宅基地复垦应以景观生态学为理论基础。宅基地的规划和设计是宅基地复垦中的一个重要环节。从目前所进行的宅基地复垦项目来看，有些地方往往把村庄中的路大量铺成水泥混凝土，不考虑对农村生态特色的保护与建设。随着环境、资源、人口等问题的日益突出，农村宅基地的景观价值越来越引起人们的重视，这就要求在农村宅基地复垦的规划设计过程中必须应用景观生态规划的方法进行宅基地复垦。

3. 宅基地景观生态规划 景观生态规划是在一定尺度上对景观资源的再分配，在景观生态分析及评价前提下，通过研究景观格局对生态恢复过程的影响，提出景观资源的优化规划是景观管理的重要手段。宅基地景观规划设计是运用景观生态学理论，结合考虑地域或地段的综合生态特点及具体的目标要求，构建一个结构和谐、生态稳定、社会经济效益理想的区域农村宅基地景观系统。

（1）景观生态规划原则 农村宅基地在进行景观生态规划时，要遵循整体性原则、异质性原则、多样性原则、因地制宜原则、综合性原则、公众参与原则等。①整体性原则。景观是由相互作用的生态系统组成的、在一定区域内以类似方式重复出现的、具有高度异质性的陆地区域。它是一个整体，故景观生态规划与设计应把景观作为一个整体单位来管理，达到整体最优，而不必苛求且限定于局部的优化。②异质性原则。异质性原则是景观的最重要特性之一，景观空间异质性的维持与发展应是景观生态规划与设计的重要原则。宅基地复垦过程要综合考虑宅基地及其周边区域景观环境中的斑块、廊道和基质的有机结合，包括道路、水渠等廊道，耕地、鱼塘、林地等斑块，还要把宅基地作为区域景观环境中的一个斑块来考虑其自身的意义和价值。③多样性原则。宅基地景观多样性包括斑块多样性、类型多样性和格局多样性等，景观多样性是描述景观中嵌块体复杂性的指标。它包括斑块多样性、类型多样性和格局多样性。多样性对于景观的生存与发展具有重要意义，它既是景观规划与设计的准则，又是景观管理的结果。④因地制宜原则。在宅基地复垦过程中，各种景观类型具有不同的特点和利用取向。因此复垦要充分利用各种景观类型的特点，因地制宜地采取不同措施，重建宅基地多样性的景观环境。⑤综合性原则。宅基地生态环境的影响是多方面的，其发展变化是多方位的，因此需要综合多学科的知识，对破坏的生态环境进行生态重建规划，包括生态学、土壤学、造林学、地理学、景观规划、土地和水资源规划等；要根据宅基地的景观结构、景观过程、社会—经济条件以及人类需求等对景观进行有目的的调整。景观是自然与文化的载体，其结构异常复杂。⑥公众参与原则。公众参与对宅基地整理的影响很大，公众参与度越高，宅基地利用规划就做的越好，宅基地整理效果就越明显。农民是宅基地整理工作的主体，在项目具体实施计划中，要广泛听取和征求群众意见，将民声民意纳入决策思考，使决策更加合乎民意，科学合理。

（2）景观生态规划步骤　进行农村宅基地的景观规划设计时一般可按下列步骤进行：①确定农村宅基地规划设计范围；②农村宅基地景观勘测与资料的收集；③农村宅基地景观现状图的编制；④农村宅基地景观适宜性分析；⑤农村宅基地景观规划与设计；⑥制定农村宅基地景观利用规则；⑦农村宅基地复垦景观规划的实施和优化。

（五）生态恢复理论

生态恢复是指受人类活动损伤的生态系统，经自然恢复和人类改造作用，恢复到它原来状态的过程，其研究对象为退化的生态系统。生态恢复并不意味着完全恢复原有生态系统，其关键是恢复生态系统必要的结构和功能，使之实现自我维持。

闲置宅基地复垦是为了建立或恢复与当地自然界相和谐的生态系统，其实质是“生态恢复”。从这个意义来说，闲置宅基地复垦不仅是土地问题，也是生态环境问题。复垦的实质既是恢复土地资源，又是重建生态平衡。它是人类寻求资源合理利用的必然结果，是促进土地保护与资源开采协调发展的重要环节。生态恢复理论在土壤重构（基质重构）、植被重建等过程中均有体现。闲置宅基地的生态恢复要按照景观生态学理论在景观层次上规划和设计出合理的景观格局，在局部采用工程措施创造出新的人工生态系统，使复垦宅基地与周围环境逐步建立起相协调的生态关系，逐渐恢复生产力，从而达到治理的目的。恢复闲置宅基地被损毁的生态环境应立足当地的自然条件，因地制宜、定向地加速土地系统的良性演替过程，突破在自然过程中某些不可逆的关键环节，在宏观上配置合理的土地利用和景观格局，在微观上创造一定的土地生产力和合适的生态条件，以尽快提高被破坏土地生态系统的生产力，实现生态系统的稳定性。按照生态经济系统的思想进行生态恢复，在保持一个良好的生态环境的基础上，源源不断地从系统中生产出更多的物质财富，并协调好经济建设和社会发展的关系。优良的生态环境系统的恢复，必然成为社会经济自然复合生态系统维系和发展的不可缺少的重要环节。闲置宅基地复垦既要考虑到经济的合理性，也要考虑到生态的合理性，将工程措施、生物措施和化学措施相结合，形成生态重建技术体系。

第四节　后期验收监管理论

（一）基础生态学

生态学是研究生物与生物之间，生物与其生存环境之间相互关系的科学。生态学的概念是德国学者赫克尔在 1869 年首先提出的，它是人类在与自然相互作用的过程中逐渐发展起来的，目的是完善和促进各类生态系统的可持续发展。

因为宅基地土壤的孔性、结构性、可耕性及保肥、保水性均较差，土壤的四大肥力因素（水、肥、气、热）条件也较差，所以对于拟复垦为农、林、牧的土地，在完成工程技术治理后，要进行生物复垦。复垦在设计和实施过程中，应遵循生态学理论，因地制宜，使破坏了的生态系统向着有利方向发展，建立起稳定的生态系统结构，保持其功能的正常发挥，以恢复土壤肥力与生物生产能力，最终达到土地资源的可持续利用。在这个过程中，用到的生态学理论主要有生物与环境的协同进化原理、生态结构稳定性与功能协调性原理、生态恢复与重建原理、生态位原理、生态演替原理等。

1. 生物与环境的协同进化原理　生态系统中的生物与环境是紧密相连的，这体现在生物必须经常从环境中摄取物质和能量，才能保证自身的生存与繁衍；而在生存、繁衍和活动过程中，也不断地释放、排泄物质及其残体到环境中，使环境得到补充。环境与生物相互影响，而受生物影响得到改变的环境反过来又影响生物，两者处于不断地相互作用、协同进行的过程。闲置宅基地复垦遵循这一原理，因地、因时制宜，合理布局与规划，从而达到生物与环境协同进化的目的。若复垦为耕地时还应考虑合理轮作倒茬、种养结合。

2. 生态结构稳定性与功能协调性原理　生物与环境是相互依赖共同生存的，生物的发展促进环境的发展，适宜的环境为生物的发展提供生存条件。发挥生物共生原则，建立稳定的生态系统结构。例如通过适宜的植被配置模式使不同层次的植物（乔木、灌木、草）以及依靠这些植物为生的草食性动物相互依赖共同生存，同时它们对于共同形成的小气候或环境有相互依存的联系。这种生物与环境、生物与生物之间相互协调组合并保持一定比例关系而建立的稳定性结构，有利于生态系统整体功能的充分发挥。

闲置宅基地是由人类定居形成的，聚居地内的自然生态系统几乎全部被破坏，代之以人工建筑物和人工种植、养殖的物种。闲置宅基地是高度不稳定的生态系统，它与周围环境之间在物质、能量和信息的输入—输出上有着非常密切的关系，并高度依赖于周围的环境。所以进行宅基地土壤重构、植被重建时，应充分考虑生态结构稳定性与功能协调性原理，遵循生物相生相养原则，结合复垦宅基地所在地区的气候特征，根据当地条件及土壤状况，从改善土壤结构、提高土壤肥力出发，选择一些豆科类植物作为先锋植物，达到种地养地的目的；随着复垦土壤肥力的提高，依据生物共生原则，逐步增植一些抗耐性较强的灌木、乔木，逐步形成草、灌、乔立体景观，从而加强整个生态系统的结构稳定性与功能协调性。在开展闲置宅基地复垦工作时，要遵循以下 3 条原则：第一，发挥生物共生优势原则，如立体种植、立体养殖等；第二，利用生物相克趋利避害的原则，如白僵菌防治措施等；第三，生物相生相养原则，如利用豆科植物的根瘤菌固氮、养地和改良土壤结构等。

3. 生态位原理 生态位指一种生物种群在生态系统中，在时间空间上所占据的位置及其与相关种群之间的功能关系与作用，也指一种生物种群所要求的全部生活条件，包括生物和非生物的。种群的生态位反映了种群对资源的占有程度以及种群的生态适应特征，在一个生态系统中，每个种群都有一个生态位。自然群落一般由多个种群组成，它们的生态位不同，但有重叠，这有利于相互补偿，充分利用各种资源，以达到最大的群落生产力。要想使一个系统具有较高的生产力、生态效益和经济效益，必须使其结构完整、功能健全。为此，在设计和实施过程中，应遵循生态位原理。①生态位与复垦引种工作。在复垦的引种工作中，引入的物种与原有的物种如果在生态位上相似，必然发生激烈竞争，通常所引入物种的数量更可能处于劣势，往往被排挤掉。因此，为了移植成功，要求一次引入大量个体，或引入适合当地“空生态位”的种类。在特定生态区域内，自然资源合理利用，增加转化固定效率，减少资源浪费，是提高人工生态系统效益的关键。在退化生态系统重建中，考虑各种群的生态位，选取最佳的植物组合，是非常重要的。如

“乔、灌、草”结合，就是按照不同植物种群地上地下部分的分层布局，充分利用多层次空间生态位，使有限的光、气、热、水、肥等资源得到合理利用，同时又可产生为动物、低等生物生存和生活的适宜生态位，最大限度地减少资源浪费，增加生物产量，从而形成一个完整稳定的复合生态系统。根据生态位原理，在生态恢复工程设计时要避免引进生态位相同的物种，尽可能使各物种的生态位错开，使各种群在群落中具有各自的生态位，避免种群之间的直接竞争，保证群落的稳定。做到因地制宜，因害设防，宜林则林，宜草则草。生态复垦可以根据生态位原理，充分利用空间、时间及资源，提高了农业生产的经济效益，也减少了生产对环境的污染。②生态位与退出宅基地。退出宅基地后的农户群体可视为一个占据一定资源的群落，形成一个基础生态位。农户进城之后需要占据城市的公共设施和就业资源，势必要与在城市原有的群落发生功能与竞争的联系。生态位理论不仅在生物学上解决了种群间竞争与生存的问题，在家庭能力培养上，生态位理论也能解决不同群体间发展不平衡的问题。

4. 生态演替原理　生态演替原理是受害生态系统恢复与重建的重要理论基础。生态系统的核心是该系统中的生物及其所形成的生物群落，在内外因素的共同作用下，一个生物群落被另一个生物群落所替代，环境也随之发生变化。因此，生物群落的演替，实际是整个生态系统的演替。演替过程主要分为以下几个时期：①先锋期。这一时期的生态系统，在组成上和结构上都比较简单，功能也不够完善。②顶级期。生态系统演替的盛期，也是演替的顶级阶段。③衰老期。生态系统演替的末期。演替是群落经过一定的发展时期由一种类型转变为另一种类型的顺序变化过程，或者说是在一定区域内群落的替代过程。人为活动可以延缓群落演替，或加速演替而缩短演替时间，或改变演替方向。宅基地复垦实质上就是人为干预下进行群落演替的过程。因此，必须在了解群落演替的机理，遵从自然界群落演替规律的基础上进行人为干预。闲置宅基地复垦与重建的目标，无论是恢复到原有的农田生态系统，还是重新建成社会经济自然复合生态系统，都是一个多层次的复杂生态系统。要想使该系统具有较高的生产力，具有生态效益和经济效益，就必须使其结构完整、功能健全。所以，在设计和实施复垦与重建过程中，应遵循生态演替原理，注意完善生态系统的组成成分，畅通能流、物流渠道，提高生态效益。

（二）耕地质量评价理论

传统观念及农业部门将耕地定义为用于种植粮食作物、蔬菜和其他经济作物的土地。为了满足土地资源上图入库的需要，自然资源管理部门将耕地定义为：种植农作物的土地；以种植农作物为主，间有零星果树、桑树或其他树木的土地；平均每年能保证收获一季的已垦滩地和海涂。在土地资源调查与管理工作中，耕地还包括南方宽度小于 1.0 米、北方宽度小于 2.0 米的固定沟、渠、路和地坎埂，以及小于上图标准的其他地类的零星地物。耕地作为生产性用地，首先要满足耕地使用者的需要，他们以农业生产并将获得经济收益为目的。因此，他们必然要求耕地地力肥沃、抗灾能力强、区位良、耕作便利、农产品品质优良。其次，作为重要的自然资源、区域生态系统的组成部分、长期农业发展的产物，耕地还要满足所在区域甚至更大尺度上人们的生态与文化需求。总之，耕地质量就是耕地以农业生产为途径，通过发挥经济、生态和社会功能来满足人类福祉的程度，这是由耕地利用的多重属性所决定的。本书认为耕地质量是耕地本身的特性（生产特性、生态特性、健康特性和景观特性等），满足农业生产并获取经济利润，满足人类福祉的程度。应从多维度认知耕地质量，既要满足国家粮食安全、生态安全、乡村振兴与美丽乡村建设对耕地资源的需求，又要满足农户基本生活保障与家庭经济收入对耕地资源的需求（图 2-4）。

复垦工程措施如深耕深松、土地平整等都会对新增耕地质量产生影响。为保证宅基地复垦后的耕地质量，《国土资源部关于强化管控落实最严格耕地保护制度的通知》（国土资发〔2014〕18 号），强调“土地整治补充耕地要先评定等级再验收，没有达到要求的不得验收”，因此，对闲置宅基地复垦耕地进行质量等级评价十分必

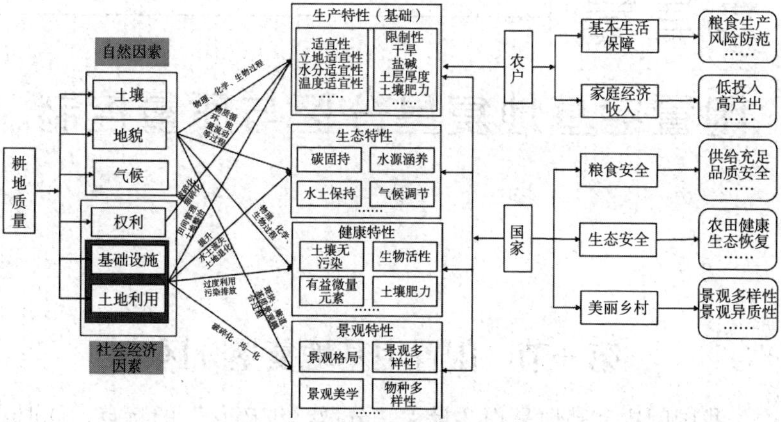

图 2-4　耕地质量内涵与外延

要。一是提高复垦规划设计水平，规范土地复垦过程施工，完善复垦检查验收工作，为土地复垦效益分析提供依据。二是为复垦耕地的土壤培肥、土壤改良等打好基础，便于制定后期对耕地的管理政策。三是为其后的耕地质量提升及综合生产能力提升提供依据，确保占有耕地和补充耕地在数量和质量上相当，建立耕地占补平衡质量评估机制，满足农业生产对耕地的需求，确保粮食安全。

在评价宅基地复垦新增耕地质量时，需要考虑各个相关因素和复垦的工程措施，包括土地平整工程、农田水利工程、田间道路工程、农田生态防护林工程及其他工程对耕地质量的影响，在选择评价指标体系时须有所侧重。耕地质量评价已有多种评价方法，其中比较成熟的确定权重的方法有 DELPHI 法、层次分析法、主成分分析法、模糊综合评判法、灰色关联度法、回归分析法；进行耕地地力等级评定的方法有经验指数和法、地统计学法、模糊数学方法、人工神经网络模型、3S 技术、农用地分等法、决策树法。现阶段耕地质量评价方法主要集中在地理信息系统技术和相关数学模型相结合，以及对传统的模型改进上。农用地分等定级主要有因素法、样地法和修正法 3 种。

第三章 闲置宅基地复垦分区与质量控制

第一节 闲置宅基地复垦分区

我国闲置宅基地呈现“量大、分散、细碎化”的特点，同时，我国幅员辽阔，区域差异明显，复垦分区对于闲置宅基地精准复垦至关重要，一能确保复垦工程实施更切合实际；二能确保复垦工程质量控制标准更加科学。

参照《耕地质量等级》（GB/T 33469—2016），将全国分为东北区、内蒙古及长城沿线区、黄淮海区、黄土高原区、长江中下游区、西南区、华南区、甘新区、青藏区 9 大复垦区（表 3-1）。

表 3-1 宅基地复垦分区介绍

一级复垦区	二级复垦区	气候条件	土壤情况	现状
东北区	兴安岭林区	中温带，年降水量 350～700 毫米	以黑土、黑钙土为主，以及部分沼泽土，少量低位暗棕壤	优势：降水量丰富、土源丰富、土层厚、土壤有机质含量高、耕地质量高 限制：煤矿、石油开采较多，土壤重金属离子偏高
	松嫩三江平原农业区			
	长白山地林农区			
	辽宁平原丘陵农林区			

（续）

<table>
<tr><th>一级复垦区</th><th>二级复垦区</th><th>气候条件</th><th>土壤情况</th><th>现状</th></tr>
<tr><td rowspan="3">内蒙古及长城沿线区</td><td>内蒙古北部牧农区</td><td rowspan="3">中温带，年降水量 50 ～ 450 毫米</td><td rowspan="3">以黑钙土、栗钙土、草甸土为主</td><td rowspan="3">优势：有机质含量较高
限制：降水匮乏、土源匮乏、土层较薄</td></tr>
<tr><td>内蒙古中南部牧农区</td></tr>
<tr><td>长城沿线农牧区</td></tr>
<tr><td rowspan="4">黄淮海区</td><td>冀鲁豫低洼平原农业区</td><td rowspan="4">暖温带，年降水量 500 ～ 800 毫米</td><td rowspan="4">以褐土、潮土为主，以及部分砂姜黑土和草甸土</td><td rowspan="4">优势：降水量丰富、土源较丰富、土层较厚、有机质含量较高、耕地质量高
限制：土壤盐渍化较严重，少量重金属离子</td></tr>
<tr><td>黄淮海平原农业区</td></tr>
<tr><td>山东丘陵农林区</td></tr>
<tr><td>燕山太行山山麓平原农业区</td></tr>
<tr><td rowspan="4">黄土高原区</td><td>晋东豫西丘陵山地农林牧区</td><td rowspan="4">中温带、暖温带，年降水量200～700 毫米</td><td rowspan="4">以褐土、栗钙土、棕壤为主</td><td rowspan="4">优势：土源丰富、土层厚、有机质含量较高
限制：水资源匮乏</td></tr>
<tr><td>汾渭谷地农业区</td></tr>
<tr><td>晋陕甘黄土丘陵沟壑牧林农区</td></tr>
<tr><td>陇中青东丘陵农牧区</td></tr>
<tr><td rowspan="6">长江中下游区</td><td>长江中下游平原丘陵农畜水产区</td><td rowspan="6">亚热带，年降水量 1 000 ～ 1 400毫米</td><td rowspan="6">以黄棕壤和黄褐土为主，南部为红壤</td><td rowspan="6">优势：降水丰富，属于高潜水位，永久积水，土源较丰富、土层较厚、有机质含量较高
限制：土壤侵蚀较严重</td></tr>
<tr><td>鄂豫皖平原山地农林区</td></tr>
<tr><td>长江中游平原农业水产区</td></tr>
<tr><td>江南丘陵山地农林区</td></tr>
<tr><td>浙闽丘陵山地林农区</td></tr>
<tr><td>南岭丘陵山地林农区</td></tr>
</table>

（续）

一级复垦区	二级复垦区	气候条件	土壤情况	现状
西南区	四川盆地农林区 渝鄂湘黔边境山地林农牧区 黔桂高原山地农林牧区	亚热带，年降水量900～1 100毫米	以黄壤、红壤为主，少量紫色土	优势：降水丰富 限制：季节性缺水，土源较匮乏、土层薄、有机质含量一般
华南区	闽南粤中农林水产区 粤西桂南农林区 滇南农林区 琼雷及南海诸岛农林区	亚热带，年降水量 1 500～2 000毫米	以红壤、黄壤为主	优势：降水丰富，土源较丰富、土层较厚、有机质含量较高 限制：水土流失严重
甘新区	蒙宁甘农牧区 北疆农牧林区 南疆农牧林区	温带，年降水量小于300毫米	以风沙土、棕钙土、灰钙土为主	限制：降水匮乏，土源匮乏、土层薄、有机质含量低
青藏区	藏南农牧区 川藏林农牧区 青甘牧农区 青藏高寒区	高原区，年降水量 50～500毫米	以高山草甸土、高山草原土、寒漠土为主	限制：土源匮乏、土层薄、有机质含量一般

第二节　闲置宅基地复垦质量控制标准

复垦质量控制标准是宅基地复垦方案编制、工程实施等环节的重要标准。以《耕地质量等级》（GB/T 33469—2016）为主要依据，参考《土地复垦质量控制标准》（TD/T 1036—2013）、《高标准农田建设标准》（NY/T 2148—2012）等文件，结合地形地貌、气候条件等因素，通过实地调研以及查阅资料，确定闲置宅基地复垦质量控制指标体系，以及不同复垦方向的阈值（图 3-2）。

表 3-2　闲置宅基地复垦分区质量控制阈值

复垦分区	质量控制指标	质量控制指标阈值
东北区	有效土层厚度（厘米）	≥60
	有机质含量（克/千克）	≥20
	耕层质地	砂壤、轻壤
	土壤容重	适中
	土壤养分状况	一般
	生物多样性	一般
	土壤清洁度	清洁、尚清洁
	障碍因素	无明显障碍因素、轻度盐碱
	灌溉能力	满足
	排水能力	满足
	农田林网化程度	中等
	pH	5.5～8.5
内蒙古及长城沿线区	有效土层厚度（厘米）	≥60
	有机质含量（克/千克）	≥15
	耕层质地	砂壤、轻壤
	土壤容重	适中
	土壤养分状况	一般
	生物多样性	一般
	土壤清洁度	清洁、尚清洁
	障碍因素	中度沙化、中度盐碱化
	灌溉能力	满足、基本满足
	排水能力	满足、基本满足
	农田林网化程度	中等
	pH	5.5～8.5

（续）

复垦分区	质量控制指标	质量控制指标阈值
黄淮海区	有效土层厚度（厘米）	≥60
	有机质含量（克/千克）	≥12
	耕层质地	砂土、砂壤
	土壤容重	适中
	土壤养分状况	潜在缺乏或养分过量
	生物多样性	一般
	土壤清洁度	清洁、尚清洁
	障碍因素	存在沙姜层、夹沙层、夹砾层等
	灌溉能力	满足、基本满足
	排水能力	满足、基本满足
	农田林网化程度	中等
	pH	6.0～8.5
黄土高原区	有效土层厚度（厘米）	≥80
	有机质含量（克/千克）	≥15
	耕层质地	砂壤、轻壤
	土壤容重	适中
	土壤养分状况	潜在缺乏或养分过量
	生物多样性	一般、不丰富
	土壤清洁度	清洁、尚清洁
	障碍因素	轻度、中度侵蚀
	灌溉能力	基本满足
	排水能力	基本满足
	农田林网化程度	中等
	pH	6.0～8.5

（续）

复垦分区	质量控制指标	质量控制指标阈值
长江中下游区	有效土层厚度（厘米）	≥60
	有机质含量（克/千克）	≥25
	耕层质地	砂壤、轻壤
	土壤容重	适中
	土壤养分状况	潜在缺乏或养分过量
	生物多样性	一般
	土壤清洁度	清洁、尚清洁
	障碍因素	50～100 厘米内出现障碍层
	灌溉能力	基本满足
	排水能力	基本满足
	农田林网化程度	中等
	pH	6.0～8.5
西南区	有效土层厚度（厘米）	≥50
	有机质含量（克/千克）	≥15
	耕层质地	砂壤、轻壤
	土壤容重	适中
	土壤养分状况	潜在缺乏或养分过量
	生物多样性	一般
	土壤清洁度	清洁、尚清洁
	障碍因素	有潜育化障碍，50～100 厘米出现砂黏盘等障碍因素
	灌溉能力	基本满足
	排水能力	基本满足
	农田林网化程度	中等
	pH	6.0～8.5

（续）

复垦分区	质量控制指标	质量控制指标阈值
华南区	有效土层厚度（厘米）	≥60
	有机质含量（克/千克）	≥15
	耕层质地	砂壤、轻壤
	土壤容重	适中
	土壤养分状况	潜在缺乏或养分过量
	生物多样性	一般
	土壤清洁度	清洁、尚清洁
	障碍因素	侵蚀、砂化、酸化、瘠薄、潜育化
	灌溉能力	基本满足
	排水能力	基本满足
	农田林网化程度	中等
	pH	5.5～7.5
甘新区	有效土层厚度（厘米）	≥60
	有机质含量（克/千克）	≥15
	耕层质地	砂壤、轻壤
	土壤容重	偏轻或偏重
	土壤养分状况	潜在缺乏或养分过量
	生物多样性	一般、不丰富
	土壤清洁度	清洁、尚清洁
	障碍因素	部分土体含夹砂层、夹砾石层，部分沙化
	灌溉能力	满足、基本满足
	排水能力	满足、基本满足
	农田林网化程度	中等
	pH	6.5～8.5

（续）

复垦分区	质量控制指标	质量控制指标阈值
青藏区	有效土层厚度（厘米）	≥30
	有机质含量（克/千克）	≥10
	耕层质地	砂壤、轻壤
	土壤容重	偏轻或偏重
	土壤养分状况	潜在缺乏或养分过量
	生物多样性	一般、不丰富
	土壤清洁度	清洁、尚清洁
	障碍因素	潜育化，50 厘米以下出现沙漏
	灌溉能力	基本满足
	排水能力	基本满足
	农田林网化程度	中等
	pH	6.5～8.5

第四章

闲置宅基地复垦调查与评价

第一节　闲置宅基地复垦调查

一、调查阶段与内容

闲置宅基地复垦调查阶段分为复垦前调查和复垦后调查。复垦前调查主要是对待复垦闲置宅基地现状的调查，包括其基本信息、自然条件、基础条件、土壤清洁度等，为之后选择相应的复垦措施提供参考。复垦后调查包括工程验收调查和跟踪监测调查，包括对实施复垦措施后土壤的基本理化性质以及清洁度等的调查。

具体调查内容见表 4-1、表 4-2 和表 4-3。

表 4-1　待复垦闲置宅基地现状调查内容

调查类别	调查内容或指标	备注
基本信息	行政区域	资料收集分析
	四至	实地调查和资料收集分析
	权属	实地调查和资料收集分析
	面积	实地调查和遥感解译
	闲置时间	实地调研和资料收集分析
	闲置原因	实地调研和资料收集分析
	宅基地取得的合法性	实地调研和资料收集分析
	是否有建筑物	实地调研和资料收集分析
	利用程度	实地调研和资料收集分析
	地表覆盖情况	实地调查和遥感解译

（续）

调查类别	调查内容或指标	备注
自然条件	海拔	DEM分析与实地调查
	坡度	DEM分析与实地调查
	地表物质组成	实地调查
	土壤类型	表述土壤亚类，如普通潮土；查阅第二次土壤普查资料并结合现场调查确定
	土壤质地	按《土壤检测第3部分：土壤机械组成的测定》（NY/T 1121.3—2006）测试，分为砂土、砂壤、轻壤、中壤、重壤、黏土等
	有效土层厚度	剖面开挖结合查阅第二次土壤普查资料确定
	土壤容重	参照《土壤检测第4部分：土壤容重的测定》（NY/T 1121.4—2006）室内测试
	砾石含量	探地雷达法，结合实地调查
	土壤pH	参照《土壤检测第2部分：土壤pH的测定》（NY/T 1121.2—2006）室内测试
	有机质含量	参照《土壤检测第6部分：土壤有机质的测定》（NY/T 1121.6—2006）室内测试
基础条件	道路类型	实地调查和遥感解译
	路面宽度	实地调查和遥感解译
	路面材料	实地调查和遥感解译
	灌溉水源	实地调查和遥感解译
	灌溉保证率	实地调查和遥感解译
	排水沟	实地调查和遥感解译
土壤清洁度	污染源	实地调查和遥感解译
	污染指数	采用内梅罗法进行计算
	总铅含量	参照《土壤环境质量　农用地土壤污染风险管控标准》（GB 15618—2018）室内测试
	总汞含量	参照《土壤环境质量　农用地土壤污染风险管控标准》（GB 15618—2018）室内测试
	总镉含量	参照《土壤环境质量　农用地土壤污染风险管控标准》（GB 15618—2018）室内测试
	总铬含量	参照《土壤环境质量　农用地土壤污染风险管控标准》（GB 15618—2018）室内测试
	总砷含量	参照《土壤环境质量　农用地土壤污染风险管控标准》（GB 15618—2018）室内测试

表 4-2 复垦后工程验收调查内容

调查类别	调查指标	备注
复垦后土壤状况	有效土层厚度	剖面开挖结合查阅第二次土壤普查资料确定
	有机质含量	实验室测试
	耕层质地	按《土壤检测第 3 部分：土壤机械组成的测定》（NY/T 1121.3—2006）测试，分为砂土、砂壤、轻壤、中壤、重壤、黏土等
	土壤容重	实验室测试
	质地构型	挖取土壤剖面，按 1 厘米土体内不同质地土层的排列组合形式来确定
	土壤养分状况	包括土壤全氮、有效磷和速效钾等，根据土壤类型、种植作物、土壤物理、化学、生物性状综合确定，分为养分贫瘠、潜在缺乏、最佳水平和养分过量
	酸碱度	参照《土壤检测第 2 部分：土壤 pH 的测定》（NY/T 1121.2—2006）室内测试
	耕层厚度	剖面开挖结合查阅第二次土壤普查资料确定
	清洁程度	参照《土壤环境质量 农用地土壤污染风险管控标准》（GB 15618—2018）室内测试。
	障碍因素	按对植物生长构成障碍的类型来确定，如沙化、盐碱、侵蚀，潜有化及出现的障碍层次情况等
	盐渍化程度	根据土壤水溶性含盐总量、氯化物盐含量、硫酸盐含量及农田出苗程度综合判定
地貌环境	地形部位	结合当地实际情况具体描述
	海拔高度	DEM 分析
	生物多样性	通过现场调查，结合专家经验综合确定，分为丰富、一般、不丰富
	田面坡度	实际测量农田坡面与水平面的夹角度数
	地下水埋深	查阅地下水埋藏及水文地质图表资料或结合野外调查，挖取土壤剖面

（续）

调查类别	调查指标	备注
复垦后农田基本建设	灌溉能力	现场调查水源类型、位置，灌溉方式、灌水量，综合判断灌溉用水量在多年灌溉中能够得到满足的程度
	排水能力	现场调查排水方式、排水设施现状等，综合判断农田保证作物正常生长，及时排除地表积水，有效控制和降低地下水位的能力
	农田林网化率	现场调查农田四周林带保护面积及农田总面积，计算农田林网化率，综合判断农田林网化程度
	道路类型	实地调查和遥感解译
	路面宽度	实地调查和遥感解译
	路面材料	实地调查和遥感解译

表 4-3　复垦后跟踪监测内容

监测类别	监测指标	备注
重构土壤	有效土层厚度	剖面开挖结合查阅第二次土壤普查资料确定
	土壤质地与机械组成	按《土壤检测第 3 部分：土壤机械组成的测定》（NY/T 1121.3—2006）测试，分为砂土、砂壤、轻壤、中壤、重壤、黏土等
	土壤 pH	参照《土壤检测第 2 部分：土壤 pH 的测定》（NY/T 1121.2—2006）室内测试
	土壤砾石含量	探地雷达法，结合实地调查
	土壤养分	包括土壤全氮、有效磷和速效钾等，根据土壤类型、种植作物、土壤物理、化学、生物性状综合确定，分为养分贫瘠、潜在缺乏、最佳水平和养分过量
重建植被	作物单位面积产量	实地调查和遥感解译
	植被覆盖度	实地调查和遥感解译
	植被健康状况	实地调查和遥感解译
配套设施	灌排工程设施	实地调查和遥感解译
	道路设施	实地调查和遥感解译
	坡面工程	实地调查和遥感解译

（续）

监测类别	监测指标	备注
复垦效益	复垦耕地面积	实地调查和遥感解译
	公众满意度	实地调研

二、调查方法

（一）基础信息调查方法

基础信息主要包括前期的基本信息、复垦后验收调查的农田基本建设、跟踪调查的配套设施等。主要调查方法包括资料收集分析、实地调研、遥感调查等。

①资料包括当地县/市统计年鉴、县/市志等资料中乡（镇）人口、农业人口、人均耕地、农业总产值、财政收入、人均纯收入、农业生产状况、宅基地闲置情况等信息的收集。通过以上资料整理分析，可以获取行政区划、宅基地闲置等相关信息。

②实地调研可在当地相关部门的协助下进行实地考察、发放问卷等方式，包括采用全站仪、GPS等测绘仪器测量拐点坐标、高程等；采用钢尺等测量工具获取道路、沟渠等基础设施的宽度、深度等指标；实地采集土壤、水等样品；实地调查土地利用状况、植被生长状况等；实地拍摄典型地形地貌、不同植被类型、基础设施、土壤剖面等影像；询问当地居民及相关部门获取生产力、土源、灌溉情况等。可通过当地自然资源局（国土资源局）土地利用变更调查结果提取土地利用现状数据。

③基于数字高程模型（Digital Elevation Model，DEM）的信息调查，是通过有限的地形高程数据实现对地面地形的数字化模拟（即地形表面形态的数字化表达），它是用一组有序数值阵列形式表示地面高程的一种实体地面模型，是数字地形模型（Digital Terrain Model，简称DTM）的一个分支，其他各种地形特征值均可由此派生。建立DEM的方法有多种，从数据源及采集方式上分为：a. 直接从地面测量，所涉及的仪器有水平导轨、测针、测针

架和相对高程测量板等构件，也可以用 GPS、全站仪、野外测量等高端仪器；b. 根据航空或航天影像，通过摄影测量途径获取，如立体坐标仪观测及空三加密法、解析测图、数字摄影测量等；c. 从现有地形图上采集，如格网读点法、数字化仪手扶跟踪及扫描仪半自动采集，然后通过内插生成 DEM 等方法。DEM 内插方法很多，主要有整体内插、分块内插和逐点内插 3 种。整体内插的拟合模型是由研究区内所有采样点的观测值建立的。分块内插是把参考空间分成若干大小相同的块，对各分块使用不同的函数。逐点内插是以待插点为中心，定义一个局部函数去拟合周围的数据点，数据点的范围随待插位置的变化而变化，因此又称移动拟合法。有规则网络结构和不规则三角网（Triangular Irregular Network，简称 TIN）两种算法。

目前常用的算法是 TIN，在 TIN 基础上通过线性和双线性内插建 DEM。用规则方格网高程数据记录地表起伏的优点有：（X，Y）位置信息可隐含，无需全部作为原始数据存储，由于是规则网高程数据，以后在数据处理方面比较容易。TIN 结构数据的优点是能以不同层次的分辨率来描述地表形态。与格网数据模型相比，TIN 模型在某一特定分辨率下能用更少的空间和时间，更精确地表示更加复杂的表面。特别当地形包含有大量特征如断裂线、构造线时，TIN 模型能更好地顾及这些特征。缺点是数据采集较麻烦，因为网格点不是特征点，一些微地形可能没有记录。数字高程模型的数据来源主要有以下几种途径：摄影测量、地面测量、已有地形图数字化、已有的 DEM 库中提取。对于局部的土方工程计算而言，用摄影测量方式获取数据（除非是应用原有资料），显然在经济上是不合算的，已有的 DEM 库多因网格间距较大，也不合适。因此在实际工作中主要采取应用已有的大比例尺地形图扫描矢量化，或用全站仪、测距仪＋电子平板直接测得待测点的三维坐标。

（二）土壤信息调查方法

1. 采样点布设　采用 ArcGIS 软件进行布点设计，布设采样点前需准备最新的复垦区所在省份的土地利用现状图（1∶10 000）、土壤类型图（1∶50 000）、DEM 图等。利用网格布点和分层抽样相结合的方法布设采样点。将网格布点结果与耕地分布图、土壤图、质量评价图相叠加，将点位经纬度信息、土壤属性和耕地质量属性转化为采样点属性，根据样点所处的乡镇、耕地分布、土壤亚类、变异函数变程以及各自的面积比例，合理抽样。

样点编号按农业农村部编码要求编制，统一采用 19 位编码（测土配方施肥项目编码规则），具体为调查点位的邮政编码（6 位数字）+采样目的标识（1 位，字母，C：耕地质量调查样）+采样时间 yyyy—mm—dd（8 位数字，年 4 位，月 2 位，日 2 位，小于 10 的月日前面补“0”）+采样乡镇（1 位，字母）+顺序号（3 位数字，不足 3 位在前面加“0”）。采样信息表中“mm”和“dd”根据实际采样时间最终确定。开展样品野外采样调查时，土壤样品采集时尽量多取（2 千克左右），以便样品保存和补测一些指标。

2. 野外采样 完成室内样点布设工作后，采样人员带上采样点分布图和对应属性表进行实地采样，在采样的同时，对布点情况进行及时纠正，并及时更新相关数据。

主要采样工具包括 GPS 仪、数码相机、调查表、记号笔、圆珠笔、夹子板、不锈钢锹、天平、橡皮锤、密封袋、环刀、土刀等。

根据采样图和地块的坐标位置确定取样地块，到达事先布设的点位附近，选择代表性区域，采集表层土样。选择代表性区域时要避开田边、路边、沟边和特殊地形部位以及堆放过肥料的地方。如果表中位置无法到达，则选择距离该样点较近的典型的农田或离公路较远的地块。

采样时使用 GPS 进行精确定位，在了解复垦情况后，找具有代表性的地块进行采样。根据取样地块的大小和形状可以采用梅花法、“S”法、棋盘法等，如图 4-1 所示，随机采取 3～4 个样点的混合样，取样深度为 0～20 厘米，取样重量为 2 千克左右，测定微量元素的土样采集推荐使用不锈钢、木、竹或塑料工具。所采集样品放入统一的样品袋，并在取土袋外附上标签。

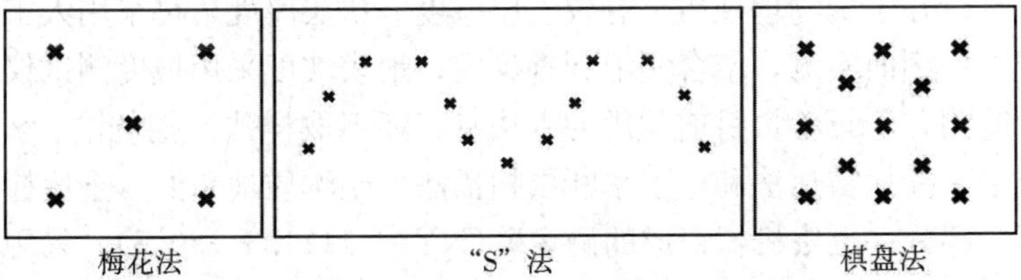

图 4-1　采样方法示意

3. 土壤样品的制备　从野外采回的土壤样品及时地放在样品盘上，摊成薄层，置于干净整洁的室内通风处自然风干，严禁暴晒，并注意防止酸、碱等气体及灰尘的污染。在风干过程中经常翻动土样并将大土块捏碎，加速干燥，同时剔除侵入体，风干后的土样按照不同的分析要求研磨过筛，充分混匀后，装入样品瓶中备用。瓶内外各放标签一张，标明编号、采样地点、采样深度、采样日期、采样人、制样时间及制样人等项目。全部分析工作结束，分析数据核实无误后，试样保存 3～12 个月，以备查询。

一般化学分析试样制备方法：风干后的样品平铺在制样板上，用木棍或塑料棒碾压，并将植物残体、石块等侵入体和新生体剔除干净。细小已断的植物根须，采用静电吸附的方法清除。压碎的土样用 2 毫米孔径筛过筛，未通过的土粒重新碾压，直至全部样品通过 2 毫米孔径筛为止。通过 2 毫米（8 目）孔径筛的土样可供土壤 pH、土壤交换性能及土壤有效养分等项目的测定。将通过 2 毫米孔径筛的土样用四分法取出一部分继续碾磨，使之全部通过 0.25 毫米（60 目）孔径筛，供土壤有机质和土壤全氮的测定。用于微量元素、重金属元素分析的试样制备与一般化学分析试样处理方法相同，但在采样、风干、研磨、过筛、运输、贮存等环节，不要接触容易造成样品污染的铁、铜等金属器具。制样时使用不锈钢、木、竹或塑料工具，过筛使用尼龙网筛等。通过 2 毫米孔径尼龙网筛的样品用于测定土壤有效态微量元素和重金属。

4. 实验分析方法

（1）土壤物理性质　有效土层厚度（耕层厚度）可采用人工开挖土壤剖面实测，结合实地调查确定；地表坡度采用坡度测试仪进行监测；砾石含量目前常用的方法有：环刀取样法、挖坑法、γ射线法、探地雷达法和电阻率断层扫描法。土壤质地参照《土壤检测第3部分：土壤机械组成的测定》（NY/T 1121.3—2006），采用比重计法；测定原理：试样经处理制成悬浮液，根据司笃克斯定律，用特制的甲种土壤比重计于不同时间测定悬液密度的变化，并根据沉降时间、沉降深度及比重计读数，计算出土粒粒径大小及其含量百分数。土壤容重参照《土壤检测第4部分：土壤容重的测定》（NY/T 1121.4—2006），采用环刀法测定；测定原理：利用一定容积的环刀切割自然状态的土样，使土样充满其中，称量后计算单位体积的烘干土样质量，即为容重。

（2）土壤化学和养分状况　土壤pH参照《土壤检测第2部分：土壤pH的测定》（NY/T 1121.2—2006），采用酸度计法测定；测定原理：当把pH玻璃电极和甘汞电极插入土壤悬浊液时，构成一电池反应，两者之间产生一个电位差，由于参比电极的电位是固定的，因而该电位差的大小决定于试液中的氢离子活度，其负对数即为pH，在pH计上直接读出。土壤有机质参照《土壤检测第6部分：土壤有机质的测定》（NY/T 1121.6—2006），采用重铬酸钾滴定法测定；测定原理：在加热条件下，用过量的重铬酸钾—硫酸溶液氧化土壤有机碳，多余的重铬酸钾用硫酸亚铁标准溶液滴定，由消耗的重铬酸钾量按氧化校正系数计算出有机碳量，再乘以常数1.724，即为土壤有机质含量。全氮采用半微量凯氏定氮法测定；有效磷采用Olsen法测定；速效钾采用1.0摩尔1升NH_4OAc浸提—火焰光度法测定。测定原理：土壤中的氮大部分以有机态（蛋白质、氨基酸、腐殖质、酰胺等）存在，无机态（NH_4^+、NO_3^-、NO_2^-）含量极少，全氮量的多少取决于土壤腐殖质的含量。土壤中含氮有机化合物在还原性催化剂的作用下，用浓硫酸消化分解，使其中所含的氮转化为氨，并与硫酸结合为硫酸铵。给消化液加入过量的氢氧化钠溶液，使铵盐分解蒸馏出氨，吸收在硼酸溶液中，最后以甲基红—溴甲酚绿为指示剂，用标准盐酸滴定至粉红色为终点，根据标准盐酸的用量，求出分析样品中的含氮全量。石灰性土壤中的磷，多以磷酸一钙、磷酸二钙形态存在，用 $NaHCO_3$溶液（pH8.5）提取土壤有效磷，由于碳酸根的同离子效应，降低了碳酸钙的溶解度，也就降低了溶液中钙的浓度，这样就有利于磷酸钙盐的提取。同时碳酸氢钠碱溶液中存在着 OH^-、HCO_3^-、CO_3^{2-} 等阴离子，有利于吸附态磷的交换。在酸性土壤中因 pH 提高使磷酸铝和磷酸铁（Fe-P、Al-P）水解而部分被提取。在一定酸度下，浸提液中的磷与钼酸铵络合成黄色的磷钼杂多酸，用抗坏血酸将磷钼黄还原为磷钼蓝。溶液蓝色的深浅与磷的含量成正比关系，在一定浓度范围内，服从朗伯—比尔定律。当中性乙酸铵溶液与土壤样品混合后，溶液中的 NH_4^+ 与土壤颗粒表面的 K^+ 进行交换，取代下来的 K^+ 和水溶性 K^+ 一起进入溶液，提取液中的钾可直接用火焰光度计测定。

（3）土壤清洁度状况　土壤污染物测定参照《土壤环境质量　农用地土壤污染风险管控标准》（GB 15618—2018）。

（三）重建植被监测方法

对于植被传统监测通常是采用野外调查植被的动态变化，野外调查最初通常采用目估法，由于目估法受观测者的主观性影响较大，后来改进、演变出样点法、样方法、样带法等较为先进的方法，虽然在一定程度上提高了监测的质量，但却具有野外操作不便、监测样本量大的缺点。随着学者将统计学思想引入到植被动态变化监测中，通过对植被地面数据的大量采集，分析植被时空变化规律，建立相关估算模型，进而对植被进行监测，但这种统计学方法具有很大的局限性，推广难度大。

遥感技术的发展，为重建植被的监测提供了一个重要的平台。国内外学者对植被动态监测进行了大量研究，目前常应用于植被动态监测与评价的遥感数据包括 NOAA-AVHRR、SPOT、SPOT-VGT、SPOT4/5、MODIS、Landsat TM 与 ETM +（7）、

ASTER、IKONOS、Quick Bird、World View 等。利用遥感数据可以有效地解决依靠传统监测方法来对矿区重建植被进行监测需要花费大量人力、物力和财力，且质量不高的缺憾。

植被指数是对地表植被状况简单、有效的度量。根据植被的光谱特征，将遥感数据的可见光与近红外波段进行线性或非线性运算，形成了各种植被指数。目前，已经定义的植被指数有 40 多种，而归一化植被指数（NDVI）是最经常和最广泛地被用于反映地表植被信息的植被指数，NDVI 与植被覆盖度、生物量、叶面积指数、作物产量密切相关，能够精确地反映植被绿度、光合作用强度、植被代谢强度及其季节与年际变化等。在不同尺度的植被动态监测、植被分类及其变化、作物长势及物候监测、自然灾害监测等方面均得到广泛应用，因此，NDVI 可以用于复垦农用地重建植被的动态监测。

归一化植被指数是遥感影像的近红外波段（NIR）和红外波段（R）反射率的比值参数，计算公式为：

$$NDVI=\frac{NIR-R}{NIR+R} \tag{4-1}$$

式中，NIR 为近红外通道反射率；R 为红色通道反射率。

在构建植被指数的基础上，建议采用目前应用广泛的像元二分模型法对重建植被覆盖度进行估算。假定像元内地物仅由植被和裸地组成，即一个像元的光谱特征是由这两种成分的光谱特征组合而成。将遥感传感器所观测到的信息（R）表达为由绿色植被部分所贡献的信息（R_V）和由裸土部分所贡献的信息（R_S）两部分：

$$R=R_V+R_S \tag{4-2}$$

如果一个像元中植被覆盖部分所占的面积比例（即这个像元的植被覆盖度）为 f_c，那么非植被覆盖部分的面积比例为 $1-f_c$。如果该像元全部由植被所覆盖，则所得的反射率为 R_{veg}；如果该像元无植被覆盖，则反射率为 R_{soil}。植被部分的反射率（R_V）和非植被部分的反射率（R_S）的算式如下：

$$R_v = f_c \times R_{veg} \tag{4-3}$$

$$R_s = (1 - f_c) \times R_{soil} \tag{4-4}$$

将式（4-2）、（4-3）代入式（4-1），可得：

$$f_c = (R - R_{soil}) / (R_{veg} - R_{soil}) \tag{4-5}$$

式中，R_{veg}和R_{soil}是模型的2个参数，R_{soil}为植被覆盖度为0%时的植被指数信息，R_{veg}为植被覆盖度为100%时的植被指数信息；R为所求覆盖度下的植被指数信息。将NDVI代入式（4-4），可得：

$$f_c = (NDVI - NDVI_{soil}) / (NDVI_{veg} - NDVI_{soil}) \tag{4-6}$$

同样，NDVI蕴含了作物生长发育的动态信息，将其应用到对作物估产上面，使得估算更加准确，并便于推广应用。

为建立复垦农用地作物产量估算模型Yield-NDVI，首先需要在监测区设置地面调查采样点，确定监测时间为作物成熟时期。测量采样点产量时，一般在样点内选择若干个代表性样方，收割相应农作物的主体部分，同时测量行间距，将样品带回实验室处理分析，得到相应农作物的单产。然后选取条件较好的遥感影像，前人常利用NOAA/AVHR遥感资料，预处理之后计算作物整个生命周期中NDVI值，形成NDVI迹线。选取NOAA/AVHRR第一通道反射率（红光通道，波长范围0.58～0.68米，CH_1）和第二通道反射率（近红外通道，波长范围0.725～0.11米，CH_2）采取如下公式：

$$NDVI = (CH_2 - CH_1) / (CH_2 + CH_1) \tag{4-7}$$

将作物地面观测的作物产量数据与NDVI数据空间匹配，然后采用目前一般采用的线性和指数关系式，构建产量—植被指数估算模型：

$$Yield = \alpha NDVI + \beta \tag{4-8}$$

式中，*Yield* 为作物单产，千克/公顷；*NDVI* 为作物相应时期的植被归一化指数。

叶绿素是植被光合作用的关键因素，通过对重建植被叶绿素含量的测定，可以判定重建植被的生长状况和营养、健康状况，实现对重建植被健康状况的跟踪监测。植被特有的光谱特征使得叶绿素遥感监测成为可能。目前遥感叶绿素提取，可以通过统计方法建立植被反射率、反射率一阶微分等变换形式与植被叶绿素含量的回归模型，可以基于物理模型进行叶绿素反演，还可采用植被指数法获取。其中，植被指数法以物理机理为基础，通过多个波段组合的方式，建立与叶绿素同价关系，简单实用，普适性强，是煤矿复垦农用地重建植被跟踪监测的可行途径。

2004 年 Jadunandan 利用 MERIS 传感器提出了植被指数 MTCI，来获取植被叶绿素信息，并成为 MERIS 传感器叶绿素产品的核心算法，得到了一定的推广使用。MTCI 指数主要基于所观测到的叶绿素浓度逐渐增加时，MERIS 传感器的第 8、9 波段反射率之间的差值逐步减小，而第 9、10 波段反射率的差值越来越大：

$$MTCI=\frac{R_{\text{Band10}}-R_{\text{Band9}}}{R_{\text{Band9}}-R_{\text{Band8}}}=\frac{R_{753.75}-R_{708.75}}{R_{708.75}-R_{681.25}} \tag{4-9}$$

式中，R_{Band8}、R_{Band9} 和 R_{Band10} 分别为 MERIS 传感器第 8、9 和 10 波段的反射率值；681.25、708.75 和 753.75 分别为 3 个波段的中心波长。

（四）配套设施监测方法

配套设施的监测方法主要依靠传统的设置采样点、人工开挖工程断面进行实测，对灌排设施、田间道路、坡面工程等复垦配套设施设立若干个监测样点，通过一定时期内连续地监测，形成配套设施监测数据库。这种作业方式精度高，但工作效率很低，而且开挖断面还会造成工程破坏。近几年，随着探地雷达的发展，可以对沟渠衬砌、道路路面厚度等实现多覆盖的、无损的检测。以中国矿业大学（北京）自主研发的 GR-Ⅲ为例，利用电磁波在遇到介电性质差异较大的相邻介质分界面时，雷达信号会出现明显“跳跃”现象的特点（图 4-2），可以对相关厚度进行分析。

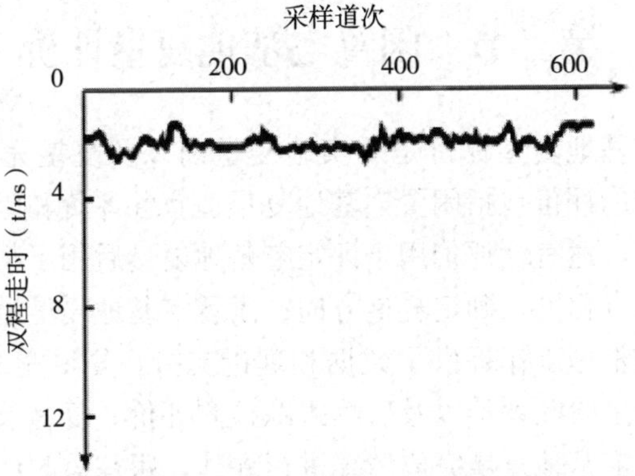

图 4-2　探地雷达农渠混凝土衬砌层位识别示意

首先选取配套设施工程的监测因子，分析监测因子在雷达图像上的响应特征，然后再通过相关算法，提取各监测因子在雷达图像全剖面的层位信息，在此基础上，将监测因子作为评价对象，利用科学的评价模型，对被检测的单项工程进行最终的评价分析，为复垦工程质量监测提供一个全新、有效的途径。

（五）复垦效果监测方法

1. 复垦耕地面积监测　对于复垦耕地面积的监测，可基于 GIS 或者 RS 对复垦区土地利用类型年度变化或者周期变化进行统计监测、对比分析，以实际复垦面积的增加减少量进行跟踪监测。

2. 公众满意度　公众参与应贯穿于土地复垦项目的全过程，公众的意愿和意愿最终的达成，体现公众对复垦项目的满意程度，可以采用问卷调查法，对公众的意愿进行收集，并通过对问卷的分析，反馈出复垦工作中行之有效的措施和存在的问题。可以用一个简单的函数来描述公众满意度：

$$PSI = Q/E \tag{4-10}$$

式中，PSI 为公众满意度；Q 代表公众对复垦工作效果的评价；E 代表公众对复垦效果的期望值。PSI 的数值越大，表示公众对复垦效果的满意度越高；反之，其数值越小，表示公众对复垦效果的满意度越低。

第二节 闲置宅基地复垦评价

闲置宅基地复垦评价是对实施复垦前以及复垦完成后进行评价。复垦前的评价包括闲置宅基地复垦适宜性评价和闲置宅基地复垦潜力分析，适宜性评价用于评定宅基地复垦后用于某种用途是否适宜以及适宜程度，确定复垦方向；闲置宅基地复垦潜力分析，为闲置宅基地整理工作提供了数据和理论支持。复垦完成后的评价，包括复垦效果验收评价以及后续跟踪检测评价。复垦效果验收评价用于对闲置宅基地复垦完成情况进行评估，跟踪监测评价用于连续不断和系统地监视闲置宅基地复垦后续情况。

一、复垦适宜性评价

（一）指标确定

1. 指标确定原则

（1）差异性原则　评价对象同一适宜性等级内部的相对一致性和不同适宜性等级之间的差异性，需要由所挑选出来评价影响指标反映出来，所以在选择评价因子时，要求变化浮动大，而且要求评价因子对适宜性的影响要明显。

（2）综合性原则　综合性主要体现在综合考虑自然因素（生物、土壤、地貌、气候等）、种植习惯和经济条件等社会因素，以及土地的损坏程度和损坏类型。

（3）主导性原则　选取的评价指标要起到主导性的作用，即在影响土地复垦再利用的诸多因素中，挑选对土地利用起主导限制性的因素，忽略那些通过少量投入就能完成改善的非主导因素。

（4）定量和定性相结合原则　评价过程中需要对评价因子进行量化，所以，选取尽量可以用具体的量级标准实现量化的评价因子，对难以量化的因子做定性的描述。

（5）可操作性原则　指标体系的建立要遵循简明扼要的原则，指标的选择要遵循指标资料获得的可靠性和可行性原则，这样才能确保评价成果质量高，可操作性强。

2. 指标的筛选与确定　根据《土地复垦条例》、《土地复垦条例实施办法》、《农用地质量分类规程》（GB/T 28407—2012）、《土地复垦质量控制标准》（TD/T 1036—2013）等相关法律法规、规程标准文件和已有的复垦适宜性评价研究成果，复垦适宜性评价指标体系一般包括：①气候指标：光照、温度和降水等；②工程指标：灌溉、排水、道路、防护林等；③土壤指标：土层厚度、土壤质地、土壤有机质及养分含量、土壤 pH 等。此外，还包括一些经济因素、交通条件、基础设施等（表 4-4）。

表 4-4　闲置宅基地复垦适宜性评价指标体系

类别	评价指标
地形地貌	地形坡度
	高程
气候条件	光照
	温度
	降水
基础建设条件	灌溉条件
	排水条件
	交通条件
土壤理化性质	土壤质地
	土壤容重
	土壤紧实度
	砾石含量
	土壤 pH
	土壤有机质含量
	土壤清洁度

各地开展闲置宅基地复垦工作应结合当地实际情况与上述指标选取原则，通过经验法、主成分分析法、两两比较法等对评价指标进行筛选。

3. 权重确定 权重是一个相对的概念，表示在评价过程中对闲置宅基地复垦所起作用的大小划分主次位置，并给以不同的比例，以此来突出主要关系和次要关系，避免均衡评断产生的误差，使之更加与实际情况相吻合。一组评价指标体系相对应的权重组成了权重体系。确定参评因子权重的方法很多，如主成分分析法、层次分析法。

主成分分析（Principal Component Analysis，PCA），是利用降维的思想，将多个变量转化为少数几个综合变量（即主成分），其中每个主成分都是原始变量的线性组合，各主成分之间互不相关，从而这些主成分能够反映始变量的绝大部分信息，且所含的信息互不重叠。采用主成分分析法，可以克服单一的评价指标，使评价结果更为真实，复杂问题得以简化，同时得到更为科学、准确的信息。

主成分分析法的模型如下：

$$R=\begin{bmatrix} r11 & r12 & \cdots & r1p \\ r21 & r22 & \cdots & r2p \\ \cdots & \cdots & \cdots & \cdots \\ rp1 & rp2 & \cdots & rpp \end{bmatrix} \tag{4-11}$$

式中，r_{ij}（i，$j=1$，2，…，p）为 X_i 和 X_j 的相关系数，其计算公式如下：

$$r_{ij}=\frac{\sum_{k=1}^{n}(X_{kj}-\bar{X}_i)(X_{kj}-\bar{X}_j)}{\sqrt{\sum_{k=1}^{n}(X_{kj}-\bar{X}_i)^2\,(X_{kj}-\bar{X}_j)^2}} \tag{4-12}$$

R 是实对称矩阵（$r_{ij}=r_{ji}$），只需计算其上三角元素或下三角元素即可。

层次分析法（Analytic Hierarchy Process，AHP）（以下简称 AHP）是一种实用的多方案或多目标的决策方法。AHP 法合理地将定性与定量的决策结合起来，按照思维、心理的规律把决策过程层次化、数量化。该方法自 1982 年被介绍到我国以来，以其定性与定量相结合地处理各种决策因素的特点，以及其系统灵活简洁的优点，迅速地在我国社会经济各个领域内，如能源系统分析、城市规划、经济管理、科研评价等，得到了广泛的重视和应用。

AHP法的基本思路是整理和综合人们的主观判断，使定性分析与定量分析有机结合，实现定量化决策。首先将所要分析的问题层次化，根据问题的性质和总目标，将问题分解成不同的组成因素，按照因素间的相互关系及隶属关系，将因素按不同层次聚集组合，形成一个多层分析结构模型，最终归结为最低层方案、措施、指标等相对于最高层总目标重要程度的权值或相对优劣的次序。

AHP法的分析步骤：

(1) 建立系统的递阶层次结构 用AHP法分析的系统，其多级递阶结构一般可以分成三层，即目标层、准则层和方案层。

目标层为解决问题的目的，要想达到的目标。准则层为针对目标评价各方案时所考虑的各个子目标因素或准则，可以逐层细分。方案层即解决问题的方案。层次结构往往用结构图形式表示（图4-3）。

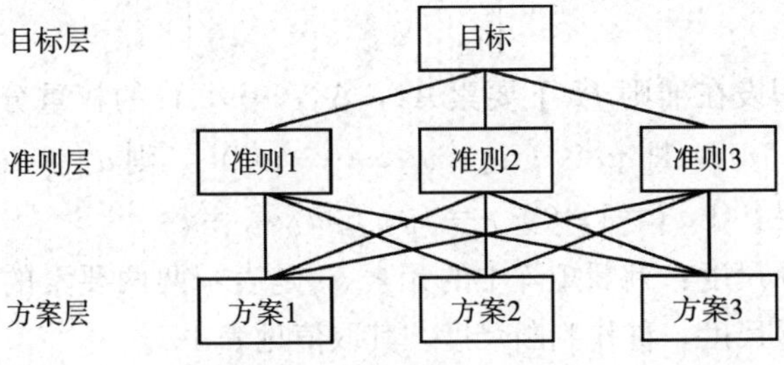

图4-3 层次分析法结构

(2) 构造两两比较判断矩阵 建立判断矩阵：设对于准则 H，其下一层有 n 个要素 A_1，A_2，…，A_n。以上一层的某一要素 H 作为判断准则，对下一层的 n 个要素进行两两比较来确定矩阵的元素值，其形式如下：

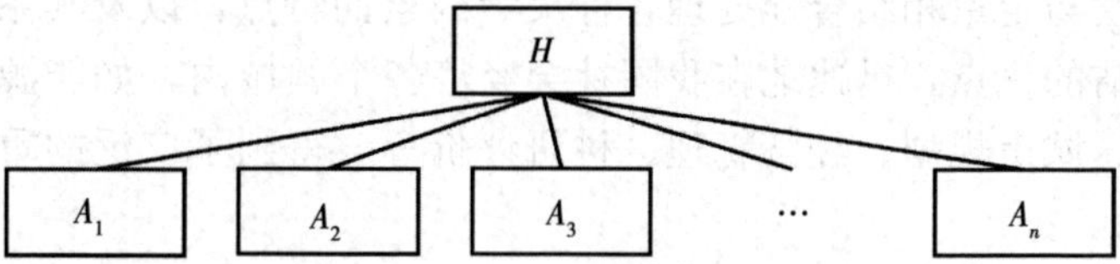

H	A_1	A_2	…	A_j	…	A_n
A_1	a_{11}	a_{12}	…	a_{1j}	…	a_{1n}
A_2	a_{21}	a_{22}	…	a_{2j}	…	a_{2n}
…	…	…	…	…	…	…
A_i	a_{i1}	a_{i2}		a_{ij}		a_{in}
…	…	…	…	…	…	…
A_n	a_{n1}	a_{n2}	…	a_{nj}	…	a_{nn}

a_{ij}表示以判断准则 H 的角度考虑要素 A_i 对 A_j 的相对重要程度。若假设在准则 H 下要素 A_1，A_2，…，A_n 的权重分别为 w_1，w_2，…，w_n，即 $w=(w_1, w_2, \cdots, w_n)^T$，则 $a_{ij}=w_i/w_j$，构建判断矩阵（4-13）。

$$A=\begin{bmatrix} a_{11} & a_{12} & \cdots & a_{1n} \\ a_{21} & a_{22} & \cdots & a_{2n} \\ \cdots & \cdots & \cdots & \cdots \\ a_{n1} & a_{n2} & \cdots & a_{nn} \end{bmatrix} \tag{4-13}$$

若假设在准则 H 下要素 A_1，A_2，…，A_n 的权重分别为 w_1，w_2，…，w_n，即 $w=(w_1, w_2, \cdots, w_n)^T$，则 $a_{ij}=w_i/w_j$，a_{ij} 应该满足：①$a_{ij}=1$；②$a_{ij}=a_{ji}$；③$a_{ik}a_{kj}=a_{ij}$。

判断尺度：判断矩阵中的元素 a_{ij} 是表示两两要素的相对重要性的数量尺度，称作判断尺度，其取值见表 4-5。

表 4-5　两两要素的相对重要性判断尺度

判断尺度	定义
1	对 H 而言，A_i 和 A_j 同样重要
3	对 H 而言，A_i 和 A_j 稍微重要

（续）

判断尺度	定义
5	对 H 而言，A_i 和 A_j 重要
7	对 H 而言，A_i 和 A_j 重要得多
9	对 H 而言，A_i 和 A_j 绝对重要
2，4，6，8	介于上述两个相邻判断尺度之间

（3）层次单排序及其一致性检验　计算单层次排序权重向量 W：

即已知：

$$A=(a_{ij})_{n\times n}=[w_i/w_j]_{n\times n}=\begin{bmatrix} w_1/w_1 & w_1/w_2 & \cdots & w_1/w_n \\ w_2/w_1 & w_2/w_2 & \cdots & w_2/w_n \\ \cdots & \cdots & \cdots & \cdots \\ w_n/w_1 & w_n/w_2 & \cdots & w_n/w_n \end{bmatrix} \tag{4-14}$$

求

$$W=(w_1, w_2, \cdots, w_n)^T \tag{4-15}$$

由

$$\begin{bmatrix} w_1/w_1 & w_1/w_2 & \cdots & w_1/w_n \\ w_2/w_1 & w_2/w_2 & \cdots & w_2/w_n \\ \cdots & \cdots & \cdots & \cdots \\ w_n/w_1 & w_n/w_2 & \cdots & w_n/w_n \end{bmatrix}\begin{bmatrix} w_1 \\ w_2 \\ \vdots \\ w_n \end{bmatrix}=n\begin{bmatrix} w_1 \\ w_2 \\ \vdots \\ w_n \end{bmatrix} \tag{4-16}$$

即

$$AW=nW \tag{4-17}$$

可知，n 为矩阵 A 的一个特征值，W 是矩阵 A 对应于特征值 n 的特征向量，即为所求的单层次排序权重向量。

采用方根法求解矩阵的最大特征值 λ_{max}：

设某一 AHP 的判断矩阵为

$$A=\begin{bmatrix}a_{11} & a_{12} & \cdots & a_{1n}\\ a_{21} & a_{22} & \cdots & a_{2n}\\ \cdots & \cdots & \cdots & \cdots\\ a_{n1} & a_{n2} & \cdots & a_{nn}\end{bmatrix} \tag{4-18}$$

计算该矩阵的最大特征值及对应的特征向量的步骤如下：

计算矩阵 A 的每一行元素的成绩 Mi：

$$Mi=a_{i1}a_{i2}\cdots a_{in}=\prod_{j=1}^{n}a_{ij}\quad i=1,\ 2,\ \cdots,\ n \tag{4-19}$$

计算 Mi 的 n 次方根 w_i（0）

$$w_i^{(0)}=(\prod_{j=1}^{n}a_{ij})^{\frac{1}{n}}\quad i=1,\ 2,\ \cdots,\ n \tag{4-20}$$

对向量

$$w^{(0)}=(w_1^{(0)},\ w_2^{(0)},\ \cdots,\ w_n^{(0)})^T \tag{4-21}$$

作归一化处理，即令

$$w_i=w_i^{(0)}/\sum_{i=1}^{n}w_i^{(0)} \tag{4-22}$$

从而得到另一向量 $W=(w_1,\ w_2,\ \cdots,\ w_n)^T$ 即为所求。

计算 A 的最大特征值 $\lambda_{\max}$：

由

$$Aw=\begin{bmatrix}\sum_{j=1}^{n}a_{1j}w_j\\ \sum_{j=1}^{n}a_{2j}w_j\\ \cdots\\ \sum_{j=1}^{n}a_{nj}w_j\end{bmatrix}=\begin{bmatrix}\lambda_{max}w_1\\ \lambda_{max}w_2\\ \cdots\\ \lambda_{max}w_n\end{bmatrix}=\lambda_{\max}w \tag{4-23}$$

得

$$\lambda_{\max}=\frac{1}{n}\left\{\frac{\sum_{j=1}^{n}a_{1j}w_j}{w_1}+\frac{\sum_{j=1}^{n}a_{2j}w_j}{w_2}+\cdots\frac{\sum_{j=1}^{n}a_{nj}w_j}{w_n}\right\}=$$

$$\frac{1}{n}\sum_{i=1}^{n}\left[\frac{\sum_{j=1}^{n} a_{ij} w_j}{w_i}\right] \tag{4-24}$$

这就是所要求矩阵 A 的最大特征值。

求出一致性指标 CI 和随机一致性比例 CR。一般情况下，若 $CR \leqslant 0.10$ 时，判断矩阵具有令人满意的一致性，否则就需要调整判断矩阵，直到满意为止。

计算式为：

$$CI = \frac{\lambda_{max} - n}{n - 1} \tag{4-25}$$

判断矩阵的维数越大，判断的一致性将越差，故应放宽对高维判断矩阵一致性的要求，于是引入修正值见表 4-6，并取更为合理的为衡量判断矩阵一致性的指标。

$$CR = \frac{CI}{RI} \tag{4-26}$$

表 4-6　不同维数比较矩阵随机一致性指标 *RI*

维数	1	2	3	4	5	6	7	8	9
RI	0.00	0.00	0.58	0.96	1.12	1.24	1.32	1.41	1.45

（4）层次总排序及其一致性检验　若准则层元素 B_1，B_2，…，B_n 的权重值分别为 W_1，W_2，…，W_n，与 B_j 对应的指标层元素 C_{j1}，C_{j2}，…C_{jn}，（$j=1$，2，…，n），则 C 层各评价指标的综合权重值为 $W_j \cdot C_{jk}$（$j=1$，2，…，n；$k=1$，2，…，m）。

$$CI = \sum_{j=1}^{n} b_j\, CI_j (j=1,2,\cdots,n) \tag{4-27}$$

随机一致性指标

$$RI = \sum_{j=1}^{n} b_j\, RI_j (j=1,2,\cdots,n) \tag{4-28}$$

若 $CR = CI/RI < 0.10$，则认为层次总排序的结果具有满意的一致性。

（5）适宜性评价指标分级及等级标准的确立　评价指标在评价

模型中作为变量，必须赋予量化数值。通常情况下，评价指标的数值特征分为离散型指标（定性）和连续性指标（定量）。但是，在同一个评价体系内，两种不同类型指标的存在给建模带来困难，因此，需要按照合理的原则使半定量或定性指标通过赋值转化为定量指标，从而实现评价指标统一化。

综合考虑复垦区的实际情况和《中国1：100万土地资源》中主导限制因素的评价等级标准，建立研究区评价标准。

（二）评价方法

目前，闲置宅基地复垦适宜性评价的方法有极限条件法、指数和法、人工神经网络评价法、模糊综合评价法和可拓法等。

1. 极限条件法 极限条件法是以系统工程中的“木桶原理”为基础，该方法利用最小因子律原理，条件最差的因子质量是评价因子的适宜性以及适宜性等级的决定限制性因素。

计算公式为：

$$Y_i = \min(Y_{ij}) \tag{4-29}$$

式中，Y_i为第i个评价单元的最终分值；Y_{ij}为第i个评价单元中第j参评因子的分值。

该方法的优点：突出了主导限制性因素。

该方法的缺点：忽略了其他影响因素对土地利用的作用。

2. 指数和法 指数和法的计算公式为：

$$R_j = \sum_{i=1}^{n} F_i \times W_i \tag{4-30}$$

式中，R_j为第i单元的综合得分；F_i为第i个参评因子的等级指数；W_i为第i个参评因子的权重值；n为参评因子个数。

在闲置宅基地复垦适宜评价时，第一步，根据待复垦闲置宅基地的实际调查情况选出n个主导性评价因子，并根据重要性的差异赋予不同权重值；第二步，根据评价因子的等级赋予不同的评价指数；最后，将某一评价单元评价因子的权重值和指数求积，得到加权评价因子指数，然后将所有评价因子的加权评价因子指数求和，得到综合评价值，进而对各个评价单元的综合评分值进行排序，以此为根据，确定各个待复垦单元对不同适宜利用方向的适宜性评价等级。

该方法的优点：比较全面地体现了评价指标对评价对象的影响作用大小，得出的评价结果具有更高的缜密性。该方法的缺点：工作量大，需要对每个评价指标进行归一化处理，量化较高。

3. 模糊综合评价法 此方法是将定性评价转化为定量评价的一种方法，主要原理是利用模糊数学的隶属度理论，即对受到多条件影响的评价对象给出一个综合评价。将评价对象看作为受到多条件影响的模糊集合，我们暂且将集合用U来表示，然后将这些受限条件做评价等级，构成评价的模糊集合，同样的，我们将此评判集合用V来表示，一一将单一因素对评价等级的隶属度做计算，即模糊关系矩阵，接下来依据每个影响因素在评价对象中的权重值，经过模糊关系矩阵合成，得到评价的定量解值。

模糊综合评价步骤如下：

①建立评价对象的影响因素集 $U=\{u_1, u_2, \cdots, u_n\}$。

②建立评语等级 $V=\{v_1, v_2, \cdots, v_n\}$。

③构造综合评判矩阵 R。

$$R=\begin{bmatrix} r_{11} & r_{12} & \cdots & r_{1n} \\ r_{21} & r_{22} & \cdots & r_{2n} \\ \cdots & \cdots & \cdots & \cdots \\ r_{n1} & r_{n2} & \cdots & r_{nn} \end{bmatrix} \tag{4-31}$$

矩阵 R 中元素 r_{ij} 表示某个被评事物从因素 u_i 来看对 v_j 等级模糊子集的隶属度，设隶属度函数为线性函数。

当 $j=1$ 时，

$$r_{i1}=\begin{cases} 1 & x_i \geqslant v_i(1) \\ \dfrac{v_i(2)-x_i}{v_i(2)-v_i(1)} & v_i(2) \leqslant x_i \leqslant v_i(1) \\ 0 & x_i \leqslant v_i(2) \end{cases} \quad \text{（正指标）} \tag{4-32}$$

$$r_{i1}=\begin{cases}1 & x_i\leqslant v_i(1)\\ \dfrac{v_i(2)-x_i}{v_i(2)-v_i(1)} & v_i(1)\leqslant x_i\leqslant v_i(2)\\ 0 & x_i\geqslant v_i(2)\end{cases}\quad（逆指标）\tag{4-33}$$

当 $j=2，3，\cdots$ 时，

$$r_{ij}=\begin{cases}1-r_i(j-1) & v_i(j)\leqslant x_i\leqslant v_i(j-1)\\ \dfrac{v_i(j+1)-x_i}{v_i(j+1)-v_i(j)} & v_i(j+1)\leqslant x_i\leqslant v_i(j)\\ 0 & x_i\leqslant v_i(j+1),\ x_i\geqslant v_i(j-1)\end{cases}\quad（正指标）\tag{4-34}$$

$$r_{ij}=\begin{cases}1-r_i(j-1) & v_i(j-1)\leqslant x_i\leqslant v_i(j)\\ \dfrac{v_i(j+1)-x_i}{v_i(j+1)-v_i(j)} & v_i(j)\leqslant x_i\leqslant v_i(j+1)\\ 0 & x_i\leqslant v_i(j-1),\ x_i\geqslant v_i(j+1)\end{cases}\quad（逆指标）\tag{4-35}$$

当 $j=m$ 时，

$$r_{im}=\begin{cases}0 & x_i\geqslant v_i(m-1)\\ 1-r_i(m-1) & v_i(m)\leqslant x_i\leqslant v_i(m-1)\\ 1 & x_i\leqslant v_i(m)\end{cases}\quad（正指标）\tag{4-36}$$

$$r_{im}=\begin{cases}0 & x_i\leqslant v_i(m-1)\\ 1-r_i(m-1) & v_i(m-1)\leqslant x_i\leqslant v_i(m)\\ 1 & x_i\geqslant v_i(m)\end{cases}\quad（逆指标）\tag{4-37}$$

式中，x_i 为第 i 个指标的实测值；$v(j)$ 为分级代表值。

④综合评价：对于权重 $A=(a_1,a_2,\cdots,a_n)$，计算 $B=A\times R$，并根据最大隶属度原则做出评价。

这种对每个评价影响因素做出综合评价的方法称为模糊综合评价法，它是应用最大隶属度原则和模糊变换原理为核心的基础原理。

4. 可拓法　此方法应用了形式化工具，不但从定性，而且从定量两个方面综合分析解决问题，此方法建立了质量评定模型，模型具有多指标参数，可以全面地对评价目标的综合质量做出评价。

此方法的评价流程是：

①确定经典域；②确定节域；③确定待评物元；④求出评价目标各评价等级的函数关系；⑤确定权重；⑥适宜性隶属度测算，进而确定适宜性等级。

该方法的优点：可拓法对各参评因子都进行了量化，大大减少了人为主观性的影响，从根本上解决了个人的主观片面性，评价结果的准确性和真实性也得到了大大提高。采用该方法获得的适宜性评价结果更加符合实际情况，且该方法实施起来计算简单，应用起来较为简便，计算结果比较客观。该方法的缺点：受新兴学科的限制，整体性还有待完善，所以关系函数量不足，方法和原理也有待更深刻的研究。

5. 人工神经网络评价法　人工神经网络（Artificial Neural Network，即 ANN），是 20 世纪 80 年代以来人工智能领域兴起的研究热点。它是将人脑神经元网络抽象化，从信息处理角度考虑，构建一个简单的模型，连接方式不同，组成的网络就不同。此种模型也在学术界和工程中得到广泛的应用，分别被称为类神经网络和神经网络。神经网络是一种以神经元为基本组成结构单元的运算模型。一些相互连接的元素，它们按层次结构的形式进行组织，这些元素就是神经元，不同层上的神经元以加权的方式进行连接，形成神经网络。网络的激励函数、权重值和连接方式决定着网络的输出方式。人工神经网络从根本上来讲就是根据权重表达变量与目标之间函数关系，并描述它们之间特殊非线性回归分析的网络。它的特点是：输入层、隐层和输出层之间每个节点的相互作用，这与普通的模式识别从本质上来讲有着根本的区别。在神经网络模型中，反向传（Back-Propagation，BP）神经网络模型最具代表意义和广泛用途，其特点是：它是一种前向连接模型，由输入层、输出层和若干个隐含层组成，神经元在同一层上互不连接，在相邻层上通过权连接。

对待复垦闲置宅基地进行适宜性评价的本质，在于建立所选取的评价指标和闲置宅基地对某种利用类型的适宜程度这两者之间的映射关系，如果对两者进行量化，那么两者之间就成了连续的映射关系。由于人工神经网络有逼近性，所以只要选择合适的网络结构，连续映射关系是可以逼近的。所以，从理论方面来讲，采用该方法对待复垦闲置宅基地进行适宜性评价是行得通的。此种评价法对于网络初始权值和阀值有任意性，它能够比较样本经网络学习后的实际输出与期望输出的误差，不断调整权值，不断减少误差，直到达到合适的精度。

该方法的优点：不需要经验知识支撑，因子分级指标和权重也不需要确定，因此，结果不存在主观性。该方法的缺点：过度依赖训练数据，而且网络结构优化的普及难度也很大。

二、复垦潜力分析

农村宅基地存在的主要问题有土地利用结构不合理、宅基地闲置状况严重、人均宅基地规模偏大等。其中宅基地闲置原因有：①一户多宅比例较高，如有的农户分家后另建新房，旧房留作杂用，未能由集体统一调节或拆除；②有的多户共居旧宅，仅剩极少数住户在使用，其余都变成空闲房屋；③通过有偿、有限期出让方式获得国有土地使用权者，在城镇建新房，农村旧房仍留用；④随着经济收入的增加，农户认为旧宅区建筑密度大，通风采光条件差，为改善住房条件又建新房，旧宅闲置。一些学者研究表明，我国农村宅基地整理潜力很大，只要因地制宜地选择有效的模式和政策，这些潜力是可以被挖掘出来的，同时这也是实现我国农村土地可持续发展的必然选择。

通过对居民点进行改造、迁村并点等手段，能够增加的耕地及其他土地资源叫做农村宅基地整理潜力。对农村闲置宅基地实施复垦是宅基地整理工作的一部分，闲置宅基地复垦潜力可通过计算复垦完成后新增耕地面积进行分析。根据 2018 年国土资源部印发的

《关于严格核定土地整治和高标准农田建设项目新增耕地的通知》、《土地整治和高标准农田建设项目新增耕地核定技术要求（试行）》，新增耕地面积计算方法如下：

（一）开工前耕地面积计算

依据开工前最新年度土地变更调查成果计算耕地面积。

$$S_{前} = \sum_{i=1}^{n} [S_i \times (1 - R_i)] \tag{4-38}$$

$$S_i = S_{i总} - S_{i非耕地} - S_{i线状} - S_{i零星} \tag{4-39}$$

式中，$S_{前}$指项目开工前项目区内净耕地面积；n 是项目区内基于不同地类、地形等因素划分的核定单元总个数；S_i指项目开工前第 i 个核定单元耕地毛面积（含田坎）；R_i指项目开工前第 i 个核定单元的田坎系数；$S_{i总}$指项目开工前第 i 个核定单元图斑总面积；$S_{i非耕地}$指项目开工前第 i 个核定单元非耕地图斑面积；$S_{i线状}$指项目开工前第 i 个核定单元耕地图斑中非耕地类的线状地物总面积；$S_{i零星}$指项目开工前第 i 个核定单元耕地图斑中非耕地类的零星地物总面积。

（二）竣工后耕地面积计算

项目竣工（或验收）后，基于实地调查测量形成的项目竣工图计算耕地面积。所有地物不能以线状地物和零星地物表示，均应以图斑形式落实到项目竣工图上。

$$S_{后} = \sum_{j=1}^{n} [S_j \times (1 - R_j)] \tag{4-40}$$

$$S_j = S_{j总} - S_{j非耕地} \tag{4-41}$$

式中，$S_{后}$指竣工后项目区内耕地净面积；n 是项目区内核定单元总个数；R_j 指竣工后第 j 个核定单元田坎系数（通过实测得出）；S_j指竣工后第 j 个核定单元耕地毛面积（含田坎）；$S_{j总}$指竣工后第 j 个核定单元图斑总面积；$S_{j非耕地}$指竣工后第 j 个核定单元非耕地图斑面积。

（三）新增耕地面积计算

$$S = S_{前} - S_{后} \tag{4-42}$$

式中，S 指新增耕地面积。

（四）新增水田面积计算

新增水田面积＝新增耕地中水田面积＋旱地改造为水田面积＋水浇地改造为水田面积

其他现有新增耕地测算方法还有耕地整理系数法、综合平衡法、测量法、典型抽样法等。

①耕地整理系数法是将土地整理后的耕地毛面积乘以整理后的田坎扣除系数，与整理前的耕地毛面积乘以整理前的田坎扣除系数的差值作为新增耕地面积。其优点是测算原理清晰，计算过程简单；缺点是过程和结果无法与图形属性相结合，结果精度低。该方法适用于平原地区。

②综合平衡法是根据土地整理项目区总面积和建设规模不变的原则，利用表格来反映项目区各地类之间面积的变化情况，从而得到新增耕地面积。其优点是技术要求不高，操作简单且能直观反映土地利用变化结构；缺点是缺少详细的计算步骤，过程和结果无法与图件相结合。该方法适用于范围和规模确定不变的项目区。

③基础设施用地法是将项目区总面积扣除林地、园地、牧草地、建设用地、未利用地、养殖水面以及基础设施用地后的面积作为耕地净面积，然后计算项目区土地整理前后耕地净面积的差值作为新增耕地面积。其优点是有详细的计算过程，与图件结合较为紧密；缺点是技术要求比较高，操作过程相对复杂。该方法适用于丘陵地区。

④测量法是通过野外实地测量获取的土地整理后耕地面积与土地整理前耕地面积的差值作为新增耕地面积。其优点是结果精度高，真正做到属性数据与空间数据的有机统一和结合；缺点是需要投入大量人力、物力和财力，操作成本较高。该方法适用于资金充裕的项目区。

⑤典型抽样法是通过调查和计算典型区域的土地整理新增耕地率，利用抽样获取的新增耕地系数乘以项目区总面积作为新增耕地面积。其优点是具有较强的可行性和操作性；缺点是人为因素作用

较强，从而影响了测算结果的精度。该方法适用范围广泛，通常结合其他方法一起使用。

三、复垦验收和效果评价

闲置宅基地复垦验收应包括工程验收和效果验收，重点开展复垦耕地质量评价，耕地质量可根据《耕地质量等级》(GB/T 33469—2016)开展评定工作（图 4-4）。

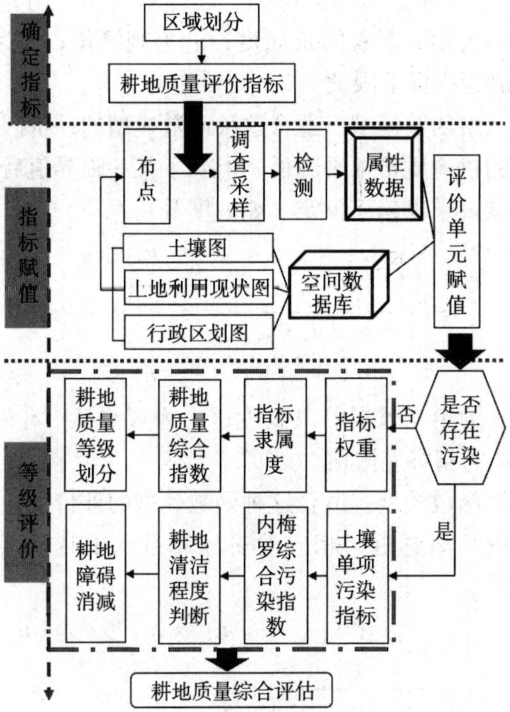

图 4-4　耕地质量等级划分流程

耕地质量指标及其获取方法参考表 4-2，层次分析法确定各指标权重参照闲置宅基地复垦适宜性评价内容，在此不再赘述。各指标隶属度计算方法可根据模糊数学的理论，将选定的评价指标与耕地质量之间的关系分为戒上型函数、戒下型函数、峰型函数、直线型函数以及概念型5种类型的隶属函数。

（1）戒上型函数模型　适合这种函数模型的评价因子，其数值越大，相应的耕地质量水平越高，但到了某一临界值后，其对耕地质量的正贡献效果也趋于恒定（如有效土层厚度、有机质含量等）。

$$y_i=\begin{cases}0 & u_i\leqslant u_t\\ \dfrac{1}{1+a_i(u_i-c_i)^2} & u_t<u_i<c_i\\ 1 & c_i\geqslant u_i\end{cases}\qquad(4\text{-}43)$$

式中，y_i为第i因素的隶属度；u_i为观测值；c_i为标准指标；a_i为系数；u_t为指标下限值。

（2）戒下型函数模型　适合这种函数模型的评价因子，其数值越大，相应的耕地质量水平越低，但到了某一临界值后，其对耕地质量的负贡献效果也趋于恒定（如坡度等）。

$$y_i=\begin{cases}0 & u_t\leqslant u_i\\ \dfrac{1}{1+a_i(u_i-c_i)^2} & c_i<u_t<u_i\\ 1 & u_i\leqslant c_i\end{cases}\qquad(4\text{-}44)$$

式中，y_i为第i因素的隶属度；u_i为观测值；c_i为标准指标；a_i为系数；u_t为指标上限值。

（3）峰型函数模型　适合这种函数模型的评价因子，其数值离一特定的范围距离越近，相应的耕地质量水平越高（如土壤pH等）。

$$y_i=\begin{cases}0 & u_i>u_{t1}\text{ 或 }u_i\leqslant u_{t2}\\ \dfrac{1}{1+a_i(u_i-c_i)^2} & u_{t1}<u_i<u_{t2}\\ 1 & u_i=c_i\end{cases}\qquad(4\text{-}45)$$

式中，y_i为第i因素的隶属度；u_i为观测值；c_i为标准指标；a_i为系数；u_t为指标极限值。

（4）直线型函数　适合这种函数模型的评价因子，其数值的大小与耕地质量水平呈直线关系（如坡度、灌溉能力）。

$$y_i = 1 + a_i \times u_i \tag{4-46}$$

式中，y_i为第i因素的隶属度；u_i为观测值；ai为系数。

（5）概念型函数模型　这类指标其性状是定性的、非数值性的，与耕地质量之间是一种非线性的关系，如地形部位、质地构型、质地等。这类因子不需要建立隶属函数模型。

耕地质量综合指数采用累加法计算。

$$P = \sum (C_i \times F_i) \tag{4-47}$$

式中，P为耕地质量综合指数（Integrated Fertility Index）；C_i为第i个评价指标的组合权重；F_i为第i个评价指标的隶属度。

按从大到小的顺序，在耕地质量综合指数曲线最高点到最低点间采用等距离法将耕地质量划分为10个耕地质量等级。耕地质量综合指数越大，耕地质量水平越高。一等地耕地质量最高，十等地耕地质量最低。

各区域内耕地质量划分时，依据相应的耕地质量综合指数确定当地耕地质量最高最低等级范围，再划分耕地质量等级。

耕地周边有污染源或存在污染的，应根据区域大小，加密耕地环境质量调查取样点密度，检测土壤污染物含量，进行耕地清洁程度评价。耕地土壤中单项污染指数指标限值按照《土壤环境质量　农用地土壤污染风险管控标准》（GB 15618—2018）的规定执行。按照《土壤环境监测技术规范》（HJ/T 166—2004）规定的方法，计算土壤单项污染指数和土壤内梅罗综合污染指数，并按内梅罗指数将耕地清洁程度划分为清洁、尚清洁、轻度污染、中度污染、重度污染。内梅罗污染指数评价方法如下：

计算土壤污染物的单项污染指数P_i：

$$P_i = \frac{C_i}{S_i} \tag{4-48}$$

式中，C_i为土壤中i指标实测浓度；S_i为污染物i在《土壤环境质量　农用地土壤污染风险管控标准》（GB 15618—2018）中给出的筛选值。

$$P_n = \left(\frac{PI_{\text{mean}}^2 + PI_{\text{max}}^2}{2}\right)^{\frac{1}{2}} \tag{4-49}$$

式中，P_n为内梅罗污染指数；PI_{mean}为平均单项污染指数；PI_{max}为最大污染单项指数。

内梅罗指数土壤污染评价标准见表 4-7。

表 4-7　土壤内梅罗污染指数评价标准

等级	内梅罗污染指数	污染等级
Ⅰ	$P_n \leqslant 0.7$	清洁（安全）
Ⅱ	$0.7 < P_n \leqslant 1.0$	尚清洁（警戒线）
Ⅲ	$1.0 < P_n \leqslant 2.0$	轻度污染
Ⅳ	$2.0 < P_n \leqslant 3.0$	中度污染
Ⅴ	$P_n > 3.0$	重污染

依据耕地质量划分与耕地清洁程度调查评价结果，对耕地质量进行综合评估，查明影响耕地质量的主要障碍因素，提出有针对性的耕地培肥与土壤改良对策措施与建议。对判定为轻度污染、中度污染和重度污染的耕地，应明确耕地土壤主要污染物类型，提出耕地限制性使用意见和种植作物调整建议。

四、跟踪监测评价

所谓跟踪，词义为紧随其后或者跟踪监视，是时间范畴，表现为连续或按一定的周期。所谓监测，是指连续不断和系统地监视某一事物的变化，是一种行为。跟踪监测评价是在完成复垦工作后对复垦区土地质量进行的综合评价。在进行监测土地质量综合评价时，除了本章第一节第二部分所提到的跟踪监测指标以外，可根据复垦区当地的实际情况，遵从主导性原则、差异性原则、独立性原则、可能性原则、定量与定性相结合原则，采用经验判断法、特尔菲法（Delphi）、层次分析法（AHP）、主成分分析法（PCA）和回归分析法等对评价指标进行筛选，且参评因子的分级应标准化、定量化，参评因子的权重则可以用专家评分法、层次分析法、相对权重法或因素成对比较法确定。

（1）主成分分析法　主成分分析法是筛选评价因子的常用方法，是把原来多个变量化为少数几个综合指标的一种统计分析方法。即用较少的几个综合指标来代表原来较多的变量指标，这些较少的综合指标能尽量多地反映土地质量的信息，同时它们之间又是彼此独立的。

（2）权重指数和法　权重指数和法是一种传统的评价方法，即依据各参评因素及其指标对各评价单元分因素打分，然后按照各参评因素的权重计算其综合指数和，最后以它作为分级的依据。

（3）GIS 技术在土地质量评价中的应用　地理信息系统（GIS）是 20 世纪 60 年代随着计算机技术的发展而产生的一门新兴技术，目前，已应用于涉及空间信息的所有领域。土地资源评价与管理是 GIS 应用最早和较为成熟的领域之一。近几年开始应用其相关技术研究土地资源的定量化评价，与数学模型结合，并在此基础上进行不同技术策略下的土地利用情景分析，建立土地可持续利用及其技术和政策评价与规划方法体系。

第五章

闲置宅基地复垦工程技术

第一节 复垦工程技术体系

闲置宅基地复垦施工工程包括土体重构、土壤培肥改良和配套工程三大类，土体重构工程主要包括清理工程、土壤剥覆与客土回填工程、平整工程；土壤培肥改良工程分为土壤培肥和土壤改良；配套工程包括田间道路、灌排工程、农田防护工程等（表5-1）。

表5-1 闲置宅基地复垦工程技术体系

一级	二级	三级	备注
土体重构工程	清理工程		对地面建筑物、构筑物及其他相关设施、地面、地基部分设施等进行拆除、挖除。
	土壤剥覆与客土回填工程	客土回填	当土层厚度和耕作土壤质量不能满足作物生长、农田灌溉排水和耕作需要时，从区外运土填筑到回填部位的土方搬移活动。
		表土保护	在田面平整之前，对宅基地范围内有种植活动表层土进行剥离收集，待田面平整后再将剥离表土还原铺平的一种措施。
	平整工程	田面平整	对凸凹不平的土地削高填低，使其成为具有适宜坡度的田面或水平田面，以改善田间灌排条件和耕作条件。

（续）

一级	二级	三级	备注
土壤培肥改良工程	土壤培肥工程	土壤培肥	为提高耕地基础地力贡献率，保持土壤肥力水平所采取的工程、农学和生物等措施。
	土壤改良工程	土壤改良	为消除土壤质地和酸碱度等存在障碍而采取的工程、生物、化学等措施。
		污染防治	为减少土壤有害物质所采取的物理、化学和生物等措施。
配套工程	田间道路工程	田间道	连接田块与田块、田块与附近村庄，供农业机械、农用物资和农产品运输通行修建的道路。
		生产路	项目区内连接田块与田间道、田块之间，供小型农机行走和人员通行的道路。
	灌排工程	水源工程	为灌溉所修建的拦蓄、引、提和储存地表水、地下水等工程的总称。
		输水工程	修筑在地表附近用于输送水至用水部位的工程。
		排水工程	将农田中过多的地表水、土壤水和地下水排除，改善土壤中水、肥、气、热关系，以利于作物生长的工程措施。
	农田防护工程	农田林网工程	用于农田防风、改善农田气候条件、防止水土流失、促进作物生长和提供休憩庇荫场所的农田植树工程。
		岸坡防护工程	为稳定农田周边岸坡和土堤的安全，保护坡面免受冲刷所采取的工程措施。
		沟道治理工程	为固定沟床、防治沟蚀、减轻山洪及泥沙危害，合理开发利用水土资源所采取的工程措施。

第二节　土体重构工程

土体重构过程中应遵循以下原则：①系统性原则。土体重构涉及的技术环节较多，彼此之间相互联系，互为条件，不能将任何一个技术环节割裂开来，必须放置于土体重构的整个系统中来，从各个角度、层次去揭示各技术环节科学性、规律性。同时根据系统论原理，系统的功能大于系统各部分功能之和。只有以系统的视角贯穿土体重构的过程才能得出全面正确的科学结论。②因地制宜原则。当前土体重构技术的研究取得很大的进展，很多技术都可以借鉴、引用，但是必须注意普遍性与区域性的差别，应从当地经济、社会、环境的实际情况出发，既要利用已有的科研成果，也要注意技术的创新，遵循因地制宜的原则进行闲置宅基地土体重构。③可操作性原则。土体重构必须注重理论与实践的结合，不能仅仅停留在理论的层次上，必须了解目前的生产技术条件以及经济条件，从而提出切实可行的技术措施。④综合性原则。要综合多种相关因素，分析各个因素对土体重构效果的影响，对于限制性因素进行改良或消除，对于有利因素进行保护与促进，目的就是要深层次、全面性研究土体重构。

土体重构工程包括清理工程、土壤剥覆与客土回填工程、土地平整工程等。

一、清理工程

复垦前应清除地面建筑物、构筑物及其他相关设施，清除硬化地面并挖除地基部分设施；严禁将地面建筑物、构筑物及其他相关设施拆除后的建筑垃圾直接用于填埋复垦，对已经实施拆迁的闲置宅基地进行地表废弃物清理，清理厚度原则上不低于 30 厘米。拆除工程属于清理工程，是对闲置宅基地地上房屋、院坝及其附属物等的拆除。

（一）拆除工程设计

拆除工程实施前，要通过实地踏勘及资料收集，充分了解拆除体的结构及拆除物的种类及特征，针对不同类型房屋制定不同的拆除工程计划、措施，并提前做好拆除物的处置计划。要对可直接利用的砖瓦、条石、金属等可利用材料根据复垦工程的设计情况加以重复利用，使拆除与改造重建相结合；对不可直接利用的拆除物废渣按照减量化、资源化、无害化的原则进行妥善处置。一般来说，废渣处理方式包括4种：一是在工程施工中用于新建和改建生产路的垫层；二是将废渣运输至附近田间道进行路面摊铺；三是于片块低洼处或废弃地处集中堆放或填埋，用于降坡工程实施前的填膛；四是利用废石、废混凝土、废砖瓦等制备再生骨料混凝土。拆除工程的实施按照从上至下的顺序，即依次对屋顶、墙体、地板、房屋地基、院坝以及附属物进行拆除；拆除物的主要类型包括条石、砖块、预制板、石板及土墙土等，对仍有利用价值的拆除物分类堆放，合理保存。

房屋结构类型主要有土墙结构、砖混结构、砖石结构、砖木结构、简易结构和穿斗结构等，不同类型的房屋结构可采用相应的拆除工程措施（表5-2、图5-1）。

表5-2　不同房屋类型下拆除工程措施

房屋类型	工程措施
砖混结构	先用铁锤或钢钎拆除预制板或混凝土屋顶，再采取人工用的砖刀、铁锤、钢钎等工具对墙体中的砖块或条石进行拆除。
土墙结构	先拆除屋顶，后拆除屋瓴房梁等木料，再对土墙进行推倒拆除。
砖木、砖石结构	先拆除屋顶，后拆除屋瓴房梁等木料，再采取人工用的砖刀、铁锤、钢钎等工具，对墙体中的砖块和条石进行拆除。
其他结构	直接对其进行推倒拆除，房屋拆除以后，采用空心钻、钢钎等工具对地表混凝土、浆砌石基础等进行拆除。

注：其他结构主要包括简易棚、废弃宅基地房屋基础。

图5-1　闲置宅基地房屋拆除

（二）拆除工程量分析

拆除工程主要包括屋顶拆除、墙体拆除、地板拆除、房屋地基拆除和院坝拆除。针对不同情况，拆除工程分为五大类。

（1）屋顶拆除

$$V_{顶}=S_{顶}\times D_{顶} \tag{5-1}$$

式中，$V_{顶}$为屋顶拆除量（米^3）；$S_{顶}$为屋顶面积（米^2）；$D_{顶}$为屋顶厚度（米）。

若为瓦屋顶，则拆除面积需考虑屋檐支出部分，屋顶面积按房屋占地面积的120%计算。

（2）墙体拆除

$$V_{墙}=W_{墙}\times H_{墙}\times C_{墙} \tag{5-2}$$

式中，$V_{墙}$为墙体拆除量（米^3）；$W_{墙}$为墙体宽（米）；$H_{墙}$为墙体高（米）；$C_{墙}$为墙体周长（米）。

（3）地板拆除

$$V_{板}=S_{板}\times D_{板} \tag{5-3}$$

式中，$V_{板}$为地板拆除量（米^3）；$S_{板}$为混凝土或土地板面积（米^2）；$D_{板}$为混凝土或土地板厚度（米）。

地板主要为混凝土或土质材料。

（4）房屋基础拆除

$$V_{基}=W_{基}\times D_{基}\times C_{基} \tag{5-4}$$

式中，$V_{基}$为屋基拆除量（米^3）；$W_{基}$为屋基宽度（米）；$D_{基}$为屋基深度（米）；$C_{基}$为墙体周长（米）。

（5）院坝拆除

$$V_{院坝}=S_{院坝}\times D_{院坝} \tag{5-5}$$

式中，$V_{院坝}$为院坝拆除量（米^3）；$S_{院坝}$为院坝面积（米^2）；$D_{院坝}$为院坝厚度（米）。

院坝主要为三合土、石板和砼材料。

拆除工程需要对复垦点进行实地踏勘，测量获得屋顶厚度、地板厚度、墙体高度及宽度、屋基深度、院坝厚度及片块内土层厚度，结合项目区土地利用现状图，提取项目区 1∶500 土地利用现状图并确定房屋占地面积和坡度等相关参数，根据前述公式从理论上计算得出研究区各房屋结构拆除物方量。

（三）拆除物利用方式

拆除物的主要类型一般有条石、砖块、预制板、石板及土墙土等，要根据当地的实际情况，同时考虑复垦片块的预算投资，拆除物应加以合理规划利用，“变废为宝”。因此，在实际工程设计过程中，拆除工程产生的可利用砖块可用作项目区新建排水沟、沉沙凼等；拆除产生的条石可作为沟渠、田坎的原材料；拆除的石板可以作为新建石板生产路的原材料；土墙土可将其浇水、软化、捣碎后增加土层厚度。

二、土壤剥覆与客土回填工程

对于已经有种植活动的闲置宅基地，应开展表土剥离，根据土质情况和回填需求确定表土剥离厚度，做到分层剥离、分层存储、分层回填。剥离施工技术包括放线、清障、剥离与临时堆放；存储施工技术包括清基、平整、堆放和坡面平整；土壤回填施工技术包括放线、清障、卸土、摊撒、平整和翻耕等；对于需要客土回填的，应根据周边土质情况、种植种类以及回填厚度等，合理确定取土场，取土时应注意场地的水土保持和土地复垦。客土质量和回填覆土厚度应根据清理厚度与复垦质量控制标准合理确定。客土回填应在土壤干湿条件适宜的情况下进行，边卸土边摊铺。客土回填施工技术包括放线、卸土、摊散等。

（一）表土剥离

由于一些废弃地已经多年不耕种，要统筹做好耕作层剥离，应对表土实行单独采集和存放，用于损毁土地的复垦。但当土壤层太薄或质地太不均匀，或者表土肥力不高，而附近土源丰富且能满足生态重建要求时，可以不对表土进行单独剥离存放。

表土剥离厚度根据原土壤表土层厚度、复垦土地利用方向及土方需要量等确定。一般对自然土壤可采集到灰化层，农业土壤可采到犁底层。采集的表土尽可能直接铺覆在复垦好的场地上。

（二）表土堆存

表土需要临时堆存时，堆存的要求：①堆存场地的要求。防止放牧、机器和车辆的进入，防止粉尘、盐碱的覆盖；不应位于计划中将受施工损毁的地段或靠近卡车拖运道；地势较高，没有径流流入或流过堆土场地；防止主导风。在堆放场地的选择上，应当尽量避免水蚀、风蚀和各种人为损毁。②剥离土壤长期堆放，风蚀、淋蚀等因素都会使土壤的肥力丧失。堆存期越短土壤受到的影响越小。土壤堆存时间过长，将造成土壤中微生物停止活动、土壤板结、土壤性质恶化、雨水淋溶后有机质含量下降等。如堆存期跨越雨季则受到的侵蚀影响就会较严重。堆存期较长时，尽快在土堆上种植植物是保存土壤中肥力较为有效的方法。堆存期不应超过 12 个月，亦不应跨越雨季。堆存期较长时，应在土堆上播种一年生或多年生的草类。③土堆太高，也将影响土壤中微生物的活性和土壤结构、土壤养分等，土堆高度不宜超过 5 米，含肥岩土堆高度不宜超过 10 米。④土壤（特别是含泥量高的土壤）含水过量时极易被压紧。为了保持土壤结构，避免土壤板结，应避免雨季剥离、搬运和堆存表土。另外，土壤湿度较大，不利于运输中的装车与排卸。

（三）表土覆盖

表土覆盖是充分利用预先收集的表土覆盖形成种植层。未预先收集表土的，在经济运距之内有适宜土源时，可借土覆盖。土源地用作农地、林地或草地时，取土时以不影响土源地取土后的再种植为原则。土源缺乏时可将岩土混合物覆盖在表层，用于造林，只需在植树的坑内填入土壤或其他含肥物料（矿区生活垃圾、污泥、矿渣、粉煤灰等）。表土覆盖厚度根据当地土质情况、气候条件、种植种类以及土源情况确定。一般种植农作物时覆土 50 厘米以上，耕作层不小于 20 厘米；用于林业种植时，在覆盖厚度 1 米以上的岩土混合物后，覆土 30 厘米以上，可以是大面积覆土，土源不够时也可只在植树的坑内覆土；种植草类时覆土厚度 20～50 厘米。在经过复垦的排土场覆盖表土时，应对覆土层进行整平。当用机械整平时，尽量采用对地压力小的机械设备，并在整平后对覆土层进行耕翻。复垦为农地时，覆盖土壤 pH 为 5.5～8.5，含盐总量不大于 0.3%，理化性质和养分指标满足种植要求。覆盖表土的有毒有害物质的含量满足《土壤环境质量　农用地土壤污染风险管控标准》(GB 15618—2018) 的有关要求。如覆盖层中利用了污泥、垃圾和粉煤灰，当这些物料中污染物分别满足《农用污泥中污染物控制标准》(GB 4284—1984)、《城镇垃圾农用控制标准》(GB 8172—1987)、《农用粉煤灰中污染物控制标准》(GB 8173—1987) 后，方可用于农业种植。

三、土地平整工程

应用测量放线方法在现场放出每个地块的开挖零线、开挖边线、填方边线和设计高程，可用铲车、推土机和运输车辆配合，分区进行土地平整，按标桩指示高度挖高填低。坡度较大的复垦区田面，应结合梯田整地后，再进行田面平整。复垦为水稻种植田块应以格田为平整单元，其横向地表坡降和纵向地表坡降应尽可能小。复垦为喷灌、微灌田块可适当放大坡降（图 5-2)。

土地平整后，高程要满足作物的生长要求。农田高程 H 应该满足：

$$H \geqslant H_t = H_p + h \tag{5-6}$$

式中，H_t 为农田应该达到的最低高程；H_p 为潜水位高程；h 为地下水临界深度。

图 5-2　土地平整工程

第三节 培肥改良工程

经过了长年的压实，闲置宅基地拆除后地表板结，土壤理化性质差。废弃宅基地复垦耕层土壤存在的主要问题为：（1）土壤有机质含量较低。与外部客土相比，地基翻耕土和土墙捣碎土的有机质含量均较低。提高有机质含量，可以改善土壤物理性质，促进土壤微生物的活动，增强土壤对酸碱的缓冲作用，提高土壤保水保肥性能，快速促进耕层土壤熟化。（2）土壤速效养分含量较低。地基翻耕土和土墙捣碎土的速效养分含量均低于外部客土，尤其是土墙捣碎土的速效养分含量非常缺乏。因此，以土墙捣碎土为单一土源的耕层土壤，暂时不具备农业生产的条件，应当进行一定时期的休耕，若需短期内进行农业生产，必须实施快速培肥。（3）土壤结构差，缺乏良好的土壤团聚体结构。由于地基土壤长期压占，土壤结构被破坏，直接影响土壤的通气透水、保肥保水性能以及养分的供给性能。（4）土壤微生态破坏严重。土壤微生物是土壤生物中最活跃，也是数量最庞大的类群。土壤微生物广泛直接或间接参与调节土壤养分循环、能量流动、有机质转换，其特性是土壤生物肥力的直接表观。与外部客土相比，地基翻耕土和土墙捣碎土中的微生物总数和多样性都大大降低。

土壤培肥改良是继土体重构之后对耕层土壤的肥力重塑、障碍消减的过程，旨在加速重构土壤剖面的形成、土壤肥力的恢复和土壤生产力的提高。针对废弃宅基地耕层土壤肥力的主要障碍，设定快速培肥改良目标，提高土壤有机质，提高土壤速效养分含量，促进土壤团粒结构形成，加速土壤微生态重建等。

一、土壤培肥工程

根据《高标准农田建设标准》（NY/T 2148—2012）关于土壤培肥的相关规定，对复垦后的土壤实施土壤有机质提升和科学施肥等技术措施。土壤有机质提升的主要措施包括秸秆还田、绿肥翻压还田和增施有机肥等，应根据土壤养分状况确定各种肥料的施用量，并对土壤氮、磷、钾及中微量元素、有机质含量、土壤酸化、盐碱化等状况进行定期监测，并根据实际情况不断调整施肥配方，连续实施土壤培肥 5 年以上。具体培肥措施分为工程培肥和生物培肥。

（一）工程培肥措施

工程培肥主要是通过建筑垃圾清理、保护耕作土层、修建附属配套设施、深翻土壤、回填表土层等措施实现的。

1. 深翻覆土 我国农村建房的材料大多是砖石等材料，地基已经过人为活动反复地踏实了。在宅基地复垦过程中，往往是比较粗放地用推土机将旧房或废弃宅基地进行推倒并整平土地，这样就导致大量的砖石等材料进入土壤，整地过程中的机械活动又对土壤进行再次的压实，导致土壤质量下降。通过将宅基地土壤深翻，可以达到翻土、松土、混土、碎土的作用，从而有助于改善土壤结构，使土壤疏松通气，增强雨水渗入速度，提高土壤蓄水能力。深翻后土壤容易呈块状，须进行蓄水浸泡，晾晒敲碎，然后平整、翻耕，可以改善耕作层土壤的物理性状，达到农作物正常生长的要求（图 5-3）。

图 5-3 深翻覆土

2. 回填表土 由于宅基地几乎不存在人类的耕作活动，并且在复垦过程中，通常会存在表土剥离的现象，因此宅基地复垦土壤相当于是生土，其肥力通常较常规耕作土要低。与农村宅基地复垦相比，在其他生产建设项目土地复垦中有一层20～30厘米厚富含腐殖质的表土层需要剥离和保护，建设项目完工之后土地复垦时用于还原到耕地表层，以快速提高复垦后耕地地力。但是在宅基地复垦时就不存在这层腐殖质表土，如果只是依靠原有的土壤通过逐年耕种来提高耕地地力，则需要花费很长的时间。年代较久的少量废旧宅基地和农户房前屋后的空闲地，若长年种植农作物，表土层物理性状好、肥力较高，还富含有机质、各种营养元素和一些生物，所以在施工时，应将该表土收集起来并妥善保存，待平整后回填，有利于农作物生长，同时也增加了土壤耕作层厚度和土壤中有机质和微生物的含量。如需从异地取土填表土，土源应选择风化度高且较肥沃的砂泥土或塘泥等。如有条件，可在建设项目占用耕地时将其耕作层取至复垦的耕地中，且通过培肥措施，提高耕地质量。

客土增厚增肥是将富含腐殖质的客土增培于深耕的土层表面，客土增培厚度基本在20～30厘米之间。经客土增厚的耕地，土壤厚度增加至40～60厘米，不仅增加了土壤耕作层厚度，同时也增加了土壤中有机质和微生物的含量，这是提高宅基地复垦后耕地地力直接且快速有效的方法。

3. 修建配套设施 由于刚退出的宅基地缺乏完善的排水设施，致使过多的地面水、土壤水和地下水难以排除，土壤中水、肥、气、热条件得不到改善，加之雨水冲刷，水土流失更加严重，使原本地力较差的耕地更加贫瘠。因此，排水设施不完善，同样影响着农村宅基地复垦后的耕地地力。应考虑改善生态环境和生物多样性，以形成一个稳定的农业生态环境，实现土地资源的可持续利用。

（二）生物培肥措施

生物培肥主要是通过施用有机肥或菌肥、有机无机肥配施、秸秆还田等方法来提高土壤肥力。应按照作物的种类和对养分的需求，对施用肥料的种类、数量、方式等做出整体安排，通过一定的耕作方式，使土壤不断增进肥力，向获得高产、稳产的方向发展。

在时间上，要求从每个轮作周期出发，考虑每季作物肥料的合理布局和施用；在空间上，要求从一个生产单位的全部农田出发，考虑肥料的合理布局和施用。生物措施主要有广辟有机肥源，增施有机肥料；大力推广使用生物有机肥；广积农家肥，增施沼液（渣）；优化种植结构，进行水旱轮作等。

1. 施用有机肥料　有机肥料又称农家肥料，主要指来自农村、城市可用作肥料的地方性废弃有机物。有机肥料包括人畜粪尿、作物秸秆、绿肥、垃圾等物质。有机肥不仅能提供农作物必需的多种营养元素，供农作物生长所需，而且含有大量的有机质，对改善土壤理化性状起着积极的作用。施入土壤后在改善土壤理化性状的同时，为微生物的生长提供了良好的环境条件和能源供给，能使低肥力的农业生态系统中土壤微生物的生物量增加，从而提高了土壤肥力，同时它对微生物生物量碳的促进作用也非常明显。化肥虽然能够增加土壤微生物的生物量，但和有机物配合施用效果更好。同一复垦年限下，化肥配施有机肥，可促进土壤稳定性有机氮向可溶性有机氮及矿质态氮转化。施肥可明显增加土壤微生物的生物量碳，且化肥和有机肥料配施，比单施化肥的效果更佳。对于低肥力的农田，化肥与有机物配施是最好的培肥措施。

生物有机肥含有大量的有机质和有益微生物及农作物所需的微量元素、糖、酶、激素等，具有肥效持久、改良土壤结构、提高肥力、促进农作物生长发育、提高产品产量、质量和经济效益的作用。农家肥（包括猪牛栏粪、土杂肥等）是优质的有机肥料，来源广、数量多。施用农家肥，既可培肥地力，又能减少施肥成本。

凡是以植物的绿色部分作为肥料的称为绿肥。绿肥多为豆科植物，含有丰富的有机质和氮、磷、钾元素。这些植物的绿色部分还田后，在土壤微生物的作用下，除释放大量养分外，还可以形成腐殖质。绿肥作物根系发达，穿透力强，主根入土较深，能将土壤深层养分聚集到耕作层，根系腐烂后还对土壤有胶结和团聚作用，从而改善土壤理化性状。它还耐酸碱，抗逆性好，能在贫瘠土地上达到高产。主要绿肥作物有草木樨、紫花苜蓿、苕子、紫云英及三叶草等（图 5-4）。

图 5-4　化学肥料和生物肥料

2. 秸秆还田　秸秆还田、堆沤肥和沼气肥的主要原料是植物残体。利用植物残体作为肥源是我国农业生产的一大特色。因为植物残体不仅含有植物必需的营养元素，而且还具有改善土壤物理、化学和生物性状，提高土壤肥力和增加作物产量的作用，加之来源广，取材易和数量大等特点，长期以来作物残体就以多种方式还田：①堆沤还田，包括堆肥、沤肥、沼气肥等；②过腹还田，主要包括牲畜粪尿肥；③直接还田，包括翻压还田和覆盖还田；④烧灰还田。

秸秆作为植物残体，含有作物生长所需的大量和微量元素，几种作物秸秆的养分含量见表 5-3。

表 5-3　几种作物秸秆的养分含量

类别	养分	N（%）	P（%）	K（%）	B（毫克/千克）	Mn（毫克/千克）	Cu（毫克/千克）	Zn（毫克/千克）	Mo（毫克/千克）
稻秆	范围	0.362～1.49	0.020～0.208	0.977～2.75	—	—	—	—	—
	平均	0.797	0.088 6	1.66	2.43	312.88	2.02	32.7	0.787
	占总量（%）	3.5～4.1	2.1～3.3	8.2～8.4	—	—	27	55	—
麦秆	范围	0.293～1.02	0.018 2～0.097	0.527～2.28	—	—	—	—	—
	平均	0.516	0.041 5	1.4	1.06	79	3.36	11	0.938
	占总量（%）	1.6～2.6	1.1～1.4	7.6～7.9	—	—	32	—	—

（续）

类别	养分	N（%）	P（%）	K（%）	B（毫克/千克）	Mn（毫克/千克）	Cu（毫克/千克）	Zn（毫克/千克）	Mo（毫克/千克）
玉米秆	范围	0.376～0.960	0.061 3～0.207	0.441～2.25	—	—	—	—	—
	平均	0.716	0.122	1.35	2.73	25	10.8	21.3	1.38
	占总量（%）	3.1±	0.7±	7.2±	—	—	—	—	—
油菜秆	范围	0.387～1.09	0.023 2～0.179	0.645～2.18	—	—	—	—	—
	平均	0.056	0.075 9	1.43	28.8	17	9.79	28	1.38
	占总量（%）	—	—	—	83	—	81	58	—

秸秆还田配合增施有机肥。秸秆分解的过程可为土壤微生物生长提供丰富的碳源和氮源，极大地刺激了微生物的活性，促进了微生物的生长。作物秸秆直接施用较之堆腐后施用，也有利于更新土壤腐殖质组成，促进有机无机复合，维持土壤有机质平衡，提高土壤生物学活性，改善土壤的物理性及耕性，促进土壤养分的循环。秸秆还田配施磷肥可以加快土壤有机碳积累速度，且土壤速效氮含量与还田秸秆量呈正比，在等氮肥用量条件下，秸秆与化肥配施的土壤速效氮含量可分别比单施秸秆和单施化肥增加。秸秆与化肥配施处理，不仅使土壤氮素的有效性得到提高，还能抑制土壤中硝态氮的累积（图 5-5）。

秸秆、菌渣、猪粪 3 种农业废弃物与化肥配施处理情况下，宅基地复垦土壤的物理性状得到改善，总有机碳、全磷、碱解氮、有效磷与速效钾含量显著增加。在土壤肥力本身较高的条件下，可适量降低化肥施用量并配施适量菌渣。

3. 优化种植结构　调整和优化种植结构，进行水旱轮作，如进行稻—绿肥、稻—豆、稻—菜等轮作，有利于改善土壤结构，加速生土熟化；促进土壤中有益微生物的活动；促进土壤中养分的转

图 5-5 秸秆还田

化，让一些被土壤固定的无效磷、无效钾和无效氮向有效磷、有效钾和有效氮方向转变，从而提高土壤肥力。采用合理的轮作倒茬和耕作改土，可加快土壤熟化和增加土壤肥力。如豆类作物与粮棉作物轮作、绿肥作物与农作物轮作、水旱作物轮作。在耕作方面，秋耕、冬耕冻、伏耕晒以及根据季节和土壤状况进行适时耙、锄地，以改善土壤的结构状况。经过3～5年的管护期，复垦地土壤结构、土壤层养分和有机质含量可以得到明显改善，土壤肥力与生物生产能力基本能接近普通农田水平。

对于轻度重金属污染的土壤，施用石灰、磷酸盐、硅酸盐等抑制剂，使之与重金属污染物生成难溶性化合物，降低重金属在土壤及植物体内的迁移，减少对生态环境的危害；对于污染严重又难于治理的某些工矿废弃地，应根据场地土壤污染情况，先处理土壤后再根据实际需要优先复垦为建设用地或其他农业用地，而不能直接复垦为耕地或园地。

二、土壤改良工程

土壤改良工程包括土壤改良和污染防治，是为了削减土壤中存在的障碍因子，提高土壤质量而采取的工程、生物、化学等措施。

（一）土壤改良

1. 土壤酸碱性改良方法　土壤酸碱性对土壤肥力和作物生长有一定的影响。土壤酸碱性对土壤微生物的活性、对矿物质的分解起重要作用，影响土壤养分元素的释放、固定和迁移等。pH 对土壤理化性质的影响表现在：土壤酸化会导致土壤容重的增加，使土壤板结，孔隙变少，透气性差，不利于土壤中水、肥、气、热的调节，进而影响作物根系的生长，影响根系对土壤中水分和养分的吸收与利用；在碱性土壤中，一些碱性土因其胶体上大量吸附着一价 Na^+，使土壤物理性质恶化，比如通透性差，黏性强，塑性大，耕性不良。此外，土壤中微生物的活动对 pH 很敏感，pH 对微生物的影响主要表现在对土壤有机质的转化，尤其是影响 N、P、S 及其他灰分元素的分解释放。

（1）施用石灰　施用石灰是缓解土壤酸害，促进作物吸收养分，提高作物产量及品质的重要措施之一。施用石灰可以提高土壤 pH 和改善土壤有效养分状况。其原理是用 Ca^{2+} 或 Mg^{2+} 把土壤胶体上的致酸离子代换下来并在土壤溶液中被中和掉。石灰用量受到土壤潜在酸和 pH、有机质含量、盐基饱和度、土壤质地、作物对酸碱度的适应性和石灰的种类、施用方法等因素的影响。每亩每次施 40～50 千克石灰，以后每次施用量减少 1/2，直至改造为中性或微酸性土壤（图 5-6）。酸性土壤石灰石粉施用量参考值见表 5-4。

表 5-4　酸性土壤石灰石粉施用量参考值（吨/公顷）

pH	砂土	砂壤土	壤土和粉壤土	粉黏壤土
4.5	4.5	11.0	17.2	23.0
5.0	3.8	9.0	14.1	20.0
5.5	2.3	5.2	7.5	11.0
6.0	1.0	2.6	3.8	5.5
6.5	0.2	1.1	1.6	2.5

（2）施用碱性肥料　酸性土壤中，Ca、Mg、Si 元素缺乏，P 容易被 Fe、Al 固定，利用率低，从而导致作物产量低。碱性肥料

图 5-6　农民撒施生石灰改良土壤

不仅能够改善土壤酸化状况，同时还能够补充植物生长所需的 Ca、Mg、Si 等元素。常见的碱性肥料有草木灰、硅钙肥、钙镁磷肥、过磷酸钙等。

（3）施用生物质炭　生物质炭是作物秸秆等有机物在缺氧条件下，在低于 700℃ 下裂解的固体产物。经高温裂解后，生物质芳香化程度加深，孔隙率和比表面积增大，且在表面产生一定数量的碱性基团，并且生物质炭表面碱性基团含量与制炭原材料以及热解温度有关，热解温度在 300～600℃ 范围内越高，生物质炭碱性基团含量越多，因此生物质炭可以改善土壤酸化状况（图 5-7）。

图 5-7　生物炭及其施用

（4）施用土壤调理剂　土壤调理剂指加入土壤中，用于改善土壤的物理、化学和/或生物性状的物料。作用是改良土壤结构、降低土壤盐碱危害、调节土壤酸碱度、改善土壤水分状况或修复污染土壤等。土壤调理剂种类很多，其中白云石和碱渣是两种重要的酸性土壤调理剂。白云石是一种碳酸盐矿物，含有大量钙镁元素；碱渣是制碱厂的废弃物，偏碱性，主要成分是钙盐和 $Mg(OH)_2$，pH 约为 9～12。有研究表明，碱渣不仅能提高土壤 pH，也能不同程度地提高土壤中交换性钙、镁、速效氮、有效磷和速效钾的含量。

（5）其他措施　施用绿肥，可增加土壤中有机质含量，达到改善土壤酸性的效果。增加灌溉次数（水田可采取串灌的形式），可冲淡酸性对作物的危害。种植耐酸作物，如油菜、水稻、茶、桑、红苕和果树等，边利用边改造。一些大田作物和天然植物的适宜 pH 范围见表 5-5。

表 5-5　农作物与天然植物适宜的 pH 范围

pH7.0～8.0	pH6.5～7.5	pH6.0～7.0	pH5.5～6.5	pH5.0～6.0
紫花苜蓿	棉花	蚕豆	水稻	茶树
田菁	大麦	豌豆	油茶	马铃薯
大豆	小麦	甘蔗	花生	荞麦
大麦	大豆	桑树	紫云英	西瓜
黄花苜蓿	黄花苜蓿	桃树	柑橘	烟草
甜菜	苹果	玉米	苕子	亚麻
金花菜	玉米	苹果	芝麻	凤梨
芦笋	蚕豆	苕子	黑麦	草莓
莴苣	豌豆	水稻	小米	杜鹃花
花椰菜	甘蓝		萝卜	羊齿类

碱性土壤改良利用的主要措施可概括为 3 个方面：一是水利措施，包括排水、灌溉、放淤；二是农业生物措施，包括平整土地、土壤培肥、种植耐碱作物与绿肥；三是化学改良措施，主要是使用化学改良剂。

水利措施：利用明沟排水或竖直排水降低水位，减少碱的上升；大水灌溉洗刷大量盐碱。

农业生物措施：通过平整土地和围埝平地，蓄水淡盐，熟化土壤抑盐改土，主要是地面覆盖、熟化表层、施用有机肥，加强土层的有机质含量，改善土壤表层结构；适当种植及合理耕作，种植耐盐作物，如向日葵、黍子、大麦、高粱、棉花、紫花苜蓿等。

化学改良措施：因为碱土中含有大量苏打和交换性钠，常用的化学改良剂有石膏、磷石膏、亚硫酸钙、硫酸亚铁、硫磺等。石膏的用量一般一次为150～200千克/亩，施用时充分磨细，可结合播种与农家肥混合施用。

2. 土壤质地改良 各种作物的生物学特性及耕作栽培要求不同，所需的土壤条件也不相同。土壤质地是重要的土宜条件之一。常见主要作物对土壤质地的要求见表5-6。

表5-6 主要作物的适宜土壤质地范围

作物种类	土壤质地	作物种类	土壤质地
水稻	黏土、黏壤土	大豆	黏壤土
小麦	黏壤土、壤土	豌豆、蚕豆	黏土、黏壤土
大麦	黏壤土、壤土	油菜	黏壤土
粟	砂壤土	花生	砂壤土
玉米	黏壤土	甘蔗	黏壤土、壤土
黄麻	砂壤土—黏壤土	西瓜	砂土、砂壤土
棉花	砂壤土、壤土	柑橘	砂壤土—黏壤土
烟草	砂壤土	梨	壤土、黏壤土
甘薯、茄子	砂壤土、壤土	枇杷	黏壤土
马铃薯	砂壤土、壤土	葡萄	砂壤土、砾质壤土
萝卜	砂壤土	苹果	壤土、黏壤土
莴苣	砂壤土—黏壤土	桃	砂壤土—黏壤土
甘蓝	砂壤土—黏壤土	茶	黏壤土、壤土
白菜	黏壤土、壤土	桑	壤土、黏壤土

土壤质地过砂或过黏，均不利于作物生长，因此应采取相应的措施对土壤质地进行改良。

客土法：即砂掺黏或黏掺砂，逐年客土改良，使之达到适宜种植作物的壤土质地范围。这种方法工程量大，造价高，不适于进行大面积的土壤质地改良，而闲置宅基地面积相对较小，进行质地改良时可参考该方法。

土层混合法：即通过翻淤压砂或翻砂压淤，该方法要求上下层土壤质地差异明显，且下伏土层不能过深，一般不宜超过 50 厘米，埋藏过深，使得翻压难度过大而难以进行。

培肥土壤：土壤质地的不良生产性状，不仅仅在于其颗粒组成，也与不同质地的土壤结构状况有关。通过改变不同质地土壤的结构，往往可以消除质地的不良生产性状。黏质土通过改良其结构状况，可以改变其生产性状。大量施用有机肥不仅能增加土壤中的养分，而且能改善过砂或过黏土壤的不良性质，增强土壤保水、保肥性能。因为有机肥施入土壤中形成的腐殖质，可增加砂土的黏结性和团聚性，降低黏土的黏结性，促进土壤中团粒结构的形成。因此，施用有机肥对砂土或黏土都有改良作用，它是一种常用的改良措施，其改良效果黏土大于砂土，因为腐殖质在黏土中容易累积，而在砂土中容易分解。施用有机肥提高土壤有机质含量，只是改变了土壤质地的不良性状，并没有改变矿质土壤颗粒的组成，所以，土壤质地类型不会发生改变。

在过砂或过黏不良质地的土壤上种植耐瘠薄的草本植物，特别是种植豆科绿肥如沙打旺、草木樨，翻入土中，既可增加土壤的有机质含量，也可改善土壤质地。

大面积的砂土或黏土短期内难以有效改变其质地状况，必须因地制宜，从选择优势作物、耕作和综合治理上着手进行改良。如对于砂土，首先营造防护林，种树种草，防风固沙；其次选择宜种作物（喜温耐旱作物）；第三是加强管理，如采取平畦宽垄、种子深播、播后镇压、早施肥、勤施肥、勤浇水、水肥少量多次等措施。对大面积黏质土，根据水源条件种植水稻或水旱轮作，都可收到良好的效果。

3. 土壤结构改良 土壤结构是土粒（单粒和复粒）的排列、组合方式。土壤结构体或称结构单位，是土粒互相排列、团聚成为一定形状和大小的土块或土团。它们具有不同程度的稳定性，以抵抗机械破坏或泡水时不致分散。通常以直径在0.25～10毫米水稳性团聚体含量判别土壤结构的好坏，多的好，少的差。

良好的土壤结构往往含有较多的团粒结构，团粒结构具有以下肥力特征：

（1）能协调土壤水分与空气的矛盾 团粒结构数量多的土壤，大小孔隙分布合理，可以大量接纳降水和灌溉。在下雨或灌溉时，当水分经过团粒附近时，能较快地渗入团里内部的小孔隙，并得以保留。团粒间的大孔隙多充满空气，这样土壤中既有充足的空气，又有足够的水分，解决了土壤中水气之间的矛盾，既保水又透气。

（2）能协调土壤有机质和养分的消耗与累积的矛盾 团粒结构的土壤，团粒之间的大孔隙有充足的氧气供给，微生物活动旺盛，有机质分解快，养分转化迅速，可不断供作物吸收利用。而团粒内部水多气少，微生物活动弱，有机质分解缓慢，使养分得以保存，养分由外层向内层逐渐释放，不断地供给作物吸收，调解了土壤有机质和养分的消耗与累积的矛盾

（3）稳定土温，调节土壤热状况 有团粒结构的土壤，土粒内部孔隙数量多，保持的水分充足，使土温变幅减小，因为水的热容量大，不易升温或降温，相对来说起到了调节土壤温度的作用。

（4）改善土壤耕性，有利于作物根系伸展 有团粒结构的土壤疏松多孔，作物根系伸展阻力小。团粒结构又有利于根系固着和支撑。同时，黏结性、黏着性小，可大大减少耕作阻力，提高耕作质量和效率（图5-8）。

宅基地土地由于受到地上构筑物的长期压占，土壤结构已经被严重破坏，需要通过一定措施来进行改良。常见的土壤结构改良措施如下：

（1）精耕细作，多施有机肥料 耕作是调节土壤结构的重要措

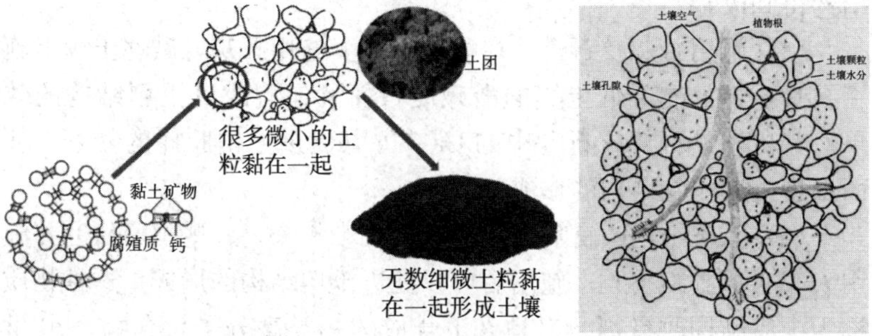

图 5-8　土壤团粒结构示意

施，耕作结合施肥、中耕等措施，使表层土壤松散，虽然形成的小团粒是非水稳性的，但也会起到调节孔性的作用；增施有机肥料，做到土肥相融，不断增加土壤中的有机胶结物质，对促使水稳性团粒的形成具有重要意义。连年施用有机肥才能不断补充有机质的消耗，供给形成团粒结构的物质。

（2）合理的轮作倒茬　合理的轮作倒茬对恢复和培育团粒结构有良好的影响。一般来讲，一年生或多年生的禾本科或豆科作物生长健壮，根系发达，都能促进土壤团粒形成。多年生牧草每年提供土壤的蛋白质、碳水化合物及其他胶结物质比一年生作物多、作用大。一年生作物因耕作频繁，土壤有机质消耗快，不利于团粒的保持。近年来，一些国家推行的少耕法或免耕法的目的之一，就在于减少有机物质的消耗，改良土壤结构。实行牧草与农作物轮作，对改良土壤结构、培肥地力具有重要作用。我国农民利用豆科牧草与作物轮作的历史悠久，水稻与冬季绿肥（紫云英、苜蓿等）轮作、稻麦水旱轮作等对增加有机质的积累、培育水稻土的团粒结构、提高土壤肥力都是行之有效的途径。

（3）合理灌溉、晒垡、冻垡　灌水方式对结构影响很大，大水漫灌冲击力大，容易破坏结构并使土壤板结；沟灌、喷灌或地下灌溉效果较好。灌后要适时中耕松土，防止板结，有助于恢复结构。晒垡、冻垡充分利用干湿交替与冻融交替，既可促使土块散碎，又有利于胶体的凝聚和脱水。在此基础上进行精细整地，更能使土壤结构得到改善。

(4) 施用石灰及石膏　在酸性土壤上施用石灰，碱性土壤上施用石膏，不仅能降低土壤的酸碱度，而且还有改良土壤结构的效果。其机理是石灰或石膏中的 Ca^{2+} 可以促进土壤胶体的凝聚，从而促进土壤团粒结构的形成。

(5) 土壤结构改良剂的应用　近几十年来，一些国家研究并施用人工合成胶结物质，施用后可以促进土壤结构的形成，这种物质称为土壤结构改良剂。它是人工合成的一类高分子化合物，20 世纪初期在美国问世，现已研制出 100 多种人工结构改良剂，效果较好的有聚乙烯醇（PVA）、聚乙烯醛酸盐（PVAC）、二甲胺基乙基丙烯酸盐（DAEMA）、聚丙烯酰胺（PAM）等。它们能溶于水，施入土壤后与土粒相互作用，转变为不溶态并吸附在土粒表面，黏结土粒称为水稳性的团粒结构。

（二）污染防治

土壤污染的农业防治是在农业生产过程中，遵循“预防为主，综合防治”的方针，按照控制污染源，切断污染途径，治理污染土壤的思路，采用农业措施，综合治理农田土壤污染。

1. 污染预防

(1) 深耕整地　深耕整地防治土壤污染的作用是多方面的。一是深耕后，土壤疏松，通透性增强，氧化电位升高，土壤中好气性微生物活动力加强，土壤中残留农药、塑料碎屑、油脂等有机物质分解加快，有利于 H_2S、SO_2、NO 等有害气体的逸出；二是暴露土壤中病菌、虫卵及其他有害生物于日光之下，有利于紫外线和天敌的杀灭作用；三是深耕翻混土后，表层土壤中污染物减少，稀释耕作层土壤污染物，减轻了农作物的中毒压力；四是深耕后，土壤纳水蓄墒能力增强，可溶性阴、阳离子特别是重金属离子下渗加快，有利于降低表土污染程度；五是有利于清除深层土壤中的固体污染物。深耕整地防治土壤污染，适于大田和轻度污染的土壤，特别适于一作区和休闲田，深耕深度一般为 25～30 厘米。对于污染较严重的土壤，可采用客土的方式，减轻污染。即将未污染的熟化土壤，掺入到受污染的农田中，并混和均匀，以稀释耕作层土壤污染物，防止农作物中毒。客土、换土防治土壤污染见效快，但工程量大，成本较高，适于小面积地块和棚室等保护地。

（2）科学灌水　应用洁净水灌溉农田，不要轻易应用污水灌溉农田，非不得已时，须将污水无害化处理后方可应用。对于已污染的农田，适时、适量灌水，科学控制土壤水分，调节土壤氧化还原状况，可以降低土壤中重金属的活性。如淹水状态下，镉的有效性降低，砷的有效性加强；干旱状态下，镉的毒害性加强，砷的毒害性降低。保护地夏季揭棚接纳雨水，可以减轻土壤的污染程度。

（3）科学施用有机肥料　有机肥料在施用时，应注意以下环节：

①充分腐熟。有机肥料腐熟既能加速大分子物质分解，增加速效养分释放，又能消除其含有的病菌、虫卵等污染物，腐熟过程中产生的大量有机酸还可以与多种重金属离子形成稳定态螯合物，减轻土壤重金属污染。有机肥腐熟方法主要有物理法、化学法、生物发酵法等多种，各地应因地制宜选用适宜的方法促使有机肥充分腐熟。

②适量施用。有机肥作基肥，用量为 22 500～30 000 千克/公顷，作追肥，用量为 15 000～22 500 千克/公顷；半腐熟有机肥和生物有机肥施用量应适当减少，以免其在大田分解时对农作物产生毒害。

③深施。有机肥作基肥时一般随耕地或起垄时施于 20～30 厘米土层中；作追肥时深埋于 10～15 厘米土层中。

（4）合理施用化肥　化肥具有养分含量高，肥效快的特点，深受农民的青睐。化肥营养元素单一，且肥效短，是一种辅助性肥料。生产上以够用为准则，在作物需肥的临界期、高峰期、最大效率期分期少量施用化肥，弥补有机肥的不足，绝不能以化肥代替有机肥，盲目滥施。化肥应条施或穴施于地下 10～12cm 处，或随水冲施，不能撒施于地表。

（5）合理使用农药　当前过度依赖农药，大量和不当使用农药的现象严重。见虫必打药，见病必喷药，见草必洒药现象频发。长期使用单一农药，造成药效下降，病虫抗药性增强。合理使用农药，应当遵循“预防为主，综合防治”的方针，依据病虫草发生规律，当达到防治指标时选用多种高效低毒、低残留的农药，优先选用生物农药，并交替使用。

（6）调整种植制度　调整种植制度，实行合理轮作，有利于降低土壤的污染程度。轮作时，土壤环境变化剧烈，有利于污染物的分解和释放或螯合固定。如旱地改水田，调整了 pH、Eh，有利于降低重金属的有效性。常见的作物轮作方式有水旱轮作、粮食作物与经济作物轮作、禾谷类作物与豆类作物轮作、农作物与林木、花卉轮作等，轮作周期一般 3～5 年。根据土壤污染情况，种植不同用途的作物，也可减轻农产品对人畜的危害。如未污染的农田可以种植各种食用作物；轻污染农田可以种植种子作物、果实作物，不宜种植根用、茎叶类蔬菜。重污染农田只宜种植不进入食物链的植物，严禁种植蔬菜和粮食作物。

2. 污染修复　土壤污染修复是指通过物理、化学和生物的方法吸收、转移、降解和转化土壤中的污染物，使其含量或浓度降低到可接受的水平，或将有毒有害的污染物转化为无毒无害的物质，满足土地使用要求。

（1）土壤污染物分类　土壤污染物有以下几类：①化学污染物。包括无机污染物和有机污染物。前者如汞、镉、铅、砷等重金属，过量的氮、磷植物营养元素以及氧化物和硫化物等；后者如各种化学农药、石油及其裂解产物，以及其他各类有机合成产物等。②物理污染物。指来自工厂、矿山的固体废弃物如尾矿、废石、粉煤灰和工业垃圾等。③生物污染物。指带有各种病菌的城市垃圾和由卫生设施（包括医院）排出的废水、废物以及厩肥等。④放射性污染物。主要存在于核原料开采和大气层核爆炸地区，以锶等在土壤中生存期长的放射性元素为主。

（2）土壤污染修复技术分类

①按暴露情景分类。可以按“污染源暴露途径受体”对修复

技术分类。对污染源进行处理的技术有：生物修复、植物修复、自然降解、生物堆、化学氧化、土壤淋洗、电动分离、气提技术、热处理、挖掘等。对暴露途径进行阻断的方法有：稳定固化、垂直水平阻控系统等。降低受体风险的制度控制方法有：增加室内通风强度、引入清洁空气、减少室内外扬尘、减少人体与粉尘的接触、减少人体与土壤的接触、改变土地或建筑物的使用类型、设立物障、减少污染食品的摄入、工作人员及其他受体转移等。

②按处置地点分类。按处置地点可分为原位修复技术和异位修复技术。原位修复技术又可分为原位处理技术和原位控制技术，常用的原位处理技术包括物理法、化学法、生物法、稳定固化和淋洗等。异位修复技术可分为挖掘和异位处理处置技术。

③按处理原理分类。按处理原理分为化学法、物理法、生物法和综合法（表 5-7）。

表 5-7　污染土壤的修复技术

方法分类	手段	技术要点
化学法	化学淋洗	水力压头推动淋洗剂注入被污染土中，再将已溶解和迁移的污染体抽提出来，进行分离和污水处理，包括原位和异位两种。
	固定/稳定化	加入固定/稳定化剂，调节改变污染物在土壤中的物理化学性质，将污染物转化为难溶、低毒的物质，包括原位和异位两种。
	溶剂浸提	利用溶剂将有害化学物质从污染土壤中提取出来或去除，一般为异位处理。
	原位化学氧化	向土壤注入化学氧化剂，发生氧化反应，使污染物降解或转化为更稳定、迁移性更弱的无毒或低毒化合物。
	原位化学还原	利用还原剂将土壤或地下水中的污染物质还原为难溶态物质，降低其迁移性和可利用性。
	土壤性能改良	通过改良剂降低重金属、有机污染物的水溶性、迁移性和生物有效性，从而降低它们进入植物体、微生物体和水体的能力，减轻危害。

（续）

方法分类	手段	技术要点
物理法	换土法	把污染土壤取走，换入干净的土壤，并妥善处理换出的土壤，以防止二次污染，包括换土、去表土、客土和翻土4种方法。
	物理分离	利用土壤介质和污染物的粒径、摩擦、密度、磁性和表面特性等物理性质差异，将污染颗粒从土壤胶体上分离出来。一般作为初步的分选手段，减少污染土壤的体积，最大限度地去除颗粒状污染物。
	固化	将污染土壤和一些固化剂（如水泥、沥青等）混合，混合物变硬、变干，转化为结构完整且稳定的固态体，从而将污染物封装在其中。
	玻璃化	土壤加热，污染物热解或蒸发去除。熔化后的污染土壤冷却，形成惰性玻璃体。
	电动	插入电极，施加低压直流电形成电场，污染物向电极区富集，进行回收处理。
	电热	用蒸汽、无线电波、高频电压和红外辐射等对土壤加热，污染物解吸出来，收集回收处理。
	蒸汽抽提	清洁空气注入污染土壤，负压驱使空气解吸有机污染物，后收集再处理，包括原位和异位两种。
	冰冻土壤	无害冷冻剂溶液输入管道使水分冻结，形成地下冻土层以容纳土壤或地下水中重金属、有机污染物和放射性污染物，防止扩散迁移。
	高温处理	焚烧法（高温970～1 200℃）和等离子体高温（1 500～1 600℃）回收金属和有机气体。
生物法	微生物	通过为土著微生物或外源微生物提供最佳营养条件，保持其代谢活动的良好状态，将污染物分解。
	植物	利用植物对土壤中污染物的吸收、富集、转移和降解作用来修复土壤，包括植物提取、植物稳定、植物挥发和植物降解等模式。

第四节　配套工程

一、道路工程

田间道路工程指为农田耕作、农业物资运输等农业生产活动所修建的交通设施。包括田间道（机耕路）和生产路。田间道的路面宽度宜为 3～6 米，生产路的路面宽度不宜超过 3 米，在大型机械化作业区可适当放宽。田间道路路面宜采用混凝土、沥青、碎石等材质，可设置路肩，路肩宽宜为 30 厘米。在暴雨冲刷严重的区域，田间道路面应采用硬化措施。生产路路面宜采用碎石、素土等材质。在南方暴雨集中地区，生产路路面宜采用泥结石、混凝土等材质。

田间道路工程设计可参考《高标准农田建设通则》（GB/T 30600—2014）、《高标准农田建设标准》（NY/T 2148—2012）、《土地整治项目规划设计规范》（DB42/T 681—2011）等相关规范标准。路基设计、路面设计、路拱与路肩设计规范如下：

（一）路基设计

路基设计应根据其使用要求和当地的自然条件（包括地质、水文和材料情况等）并结合施工方案进行设计，既应有足够的强度和稳定性，又要经济合理。

路基宽度为路面宽度与路肩宽度之和。田间道一般采用 6 米路基和 5 米路面。当交通量较大时，宜采用 7 米路基和 6 米路面。在施工艰难以及交通量小的路段，宜采用 4.5 米路基和 3.5 米路面，并按规定设置错车道。规划路基宽度应与项目区周边道路宽度相适应，但路基宽度最大不应大于 7 米。路基高度应使路肩边缘高出路基两侧地面积水高度，同时要考虑土壤、地质、地下水、毛细水的作用，不致影响路基的强度和稳定性。路基的边坡取决于土石方经过填挖后能达到自然稳定状态的坡度，路堤的边坡坡度宜采用 1∶1，受水浸淹的路堤边坡坡度应放缓为 1∶1.5。路基和路面一样也要有一定的横向坡度，宜以比路面横向坡度大 1%或 2%的值设置，最大不超过 5%。田间路在地质基础不良的平原地区，路基应填筑砂砾石和土料，总厚度为 40 厘米左右，分层夯实，在地质基础较好的地方，也应将原土夯实。村庄整治水泥路，基础不良可铺设块石垫层。丘陵地区填筑路基的地段，应视情况作同样的夯实处理。

（二）路面设计

路面应具有良好的稳定性和足够的强度，其表面应满足平整、抗滑和排水的要求。路面两侧可做块石或砼路肩。平原地区田间路路面一般铺设泥结碎石或砂砾石，有条件的地方，主要连村道路（结合新农村建设）可以为砼路面。水泥路面的砼强度应大于 C20 砼。丘陵地区砾石区且地质条件较好的田间道，可以为原土路面，路况不好的应作以上同样的处理。生产路路面可同田间道路路面，砾石地区且地质条件较好的可作素土路面。

（三）路拱与路肩设计

路拱坡度根据路面类型和当地自然条件，应符合表 5-8 规定的数值。路拱横向坡度一般应较路面横向坡度大 1%～2%。田间道路一般设计有路肩，尺寸规格应符合表 5-9 规定。

表 5-8　路拱坡度

路面类型	路拱坡度（%）
水泥路面	1.5～2.5
泥结碎石路面	2～3
碎、砾石等粒料路面	2.5～3.5
土路面	3～4

表 5-9　道路尺寸设计（米）

道路等级		田间道	生产路
路基宽度	一般值	6	3
	变化值	4.5～7.0	1.5～4.0
路面宽度	一般值	5	2
	变化值	3.5～6.0	1.0～3.0

（续）

道路等级		田间道	生产路
路肩宽度	一般值	0.5	—
	变化值	0.30～0.60	—
路基厚度	一般值	0.40	0.30
	变化值	0.30～0.50	0.25～0.35
路面厚度	一般值	0.20	0.15
	变化值	0.15～0.25	0.10～0.15
路肩高度	一般值	0.5	—
	变化值	0.50～0.60	—

（四）其他相关设计

靠近田块的田间道，田间道与田块之间没有沟渠相隔的，应设置路沟，丘陵地区道路一侧，应开挖足够宽度和深度的截流沟；田间道宽度不能满足两辆车并行的，应在适当距离内设置错车道。错车道应设在有利地点，并使驾驶员能看到相邻两错车道间驶来的车辆。设置错车道路段的路基宽度不应小于 6.5 米，有效长度宜为 15～20 米；田间道与田块相接处，应设置下田道，宽度宜为 3～5 米。

二、灌排工程

灌溉与排水工程指为防治农田旱、涝、渍和盐碱等灾害所修建的各种设施与建筑物。包括水源工程、输水工程、喷微灌工程、排水工程、渠系建筑物工程等。

灌溉与排水工程应遵循水土资源合理利用的原则，根据旱、涝、渍和盐碱综合治理的要求，结合田、路、林、电、村进行统一规划和综合布置。水源利用应以地表水为主，地下水为辅，严格控制开采深层地下水。灌溉水质应符合《农田灌溉水质标准》（GB 5084—2005）；水源配置应考虑地形条件、水源特点等因素，宜采用蓄、引、提相结合的方式；灌溉设计保证率应根据水文气象、水土资源、作物种类、灌溉规模、灌水方式及经济效益等因素综合确定，应参考表5-10灌溉设计保证率的要求，有条件的地区应取较大值。

表5-10 灌溉设计保证率表

灌水方法	地区	作物种类	灌溉设计保证率（%）
地面灌溉	干旱地区或水资源紧缺地区	以旱作为主	50～75
		以水稻为主	70～80
	半干旱、半湿润地区或水资源不稳定地区	以旱作为主	70～80
		以水稻为主	75～85
	湿润地区或水资源丰富地区	以旱作为主	75～85
		以水稻为主	80～95
喷灌、微灌	各类地区	各类作物	85～95

注①作物经济价值较高的地区，宜选用表中较大值；作物经济价值不高的地区，可选用表中较小值。

②引洪淤灌系统的灌溉设计保证率可取30%～50%。

发展节水灌溉，提高水资源利用效率，因地制宜采取渠道防渗、管道输水、喷微灌等节水灌溉措施，灌溉水利用系数应不低于《节水灌溉工程技术规范》（GB/T 50363—2006）的规定；改良盐碱土应在返盐季节前将地下水位控制在临界深度以下，排水标准应按照《灌溉与排水工程设计规范》（GB 50288—1999）规定执行；排水沟布置应与田间渠、路、林相协调，在平原地区一般与灌溉渠系相分离，在丘陵山区可选用灌排兼用或灌排分离的形式；泵站建设应按照《泵站设计规范》（GB 50265—2010）规定执行；渠系建筑物应配套完整，满足灌溉与排水系统水位、流量、泥沙处理、施工、运行、管理的要求，满足生产、生活的需要，其使用年限应与灌溉与排水系统主体工程相一致。

灌溉与排水设施外观应整洁美观。渠道及渠系建筑物外观轮廓线顺直，表面平整、光洁；设备应布置紧凑，表面整洁，仪器仪表配备齐全。灌溉与排水工程设计主要针对各复垦点的地形地貌进行设计，主要为排水沟。由于宅基地房屋周边原有的排水沟，在拆除过程中有不同程度的损毁，需要沿原走向进行修复，没有排水工程的，需要新修不同长度的排水毛沟。项目区现有排水沟均为自然冲沟的，根据《农田排水工程技术规范》(SL/T 4—2013)，对地块内排水沟进行整修，按照原有走向进行布置，没有排水工程的，需要新修不同长度的排水毛沟，坡比依据平整后地面的坡降设定。

三、农田防护工程

（一）农田防护林网

参考《高标准农田建设标准》（NY/T 2148—2012），在东北、西北的风沙区和华北、西北的干热风等危害严重的地区须设置农田防护林网。

风沙区农田防护林网密度一般占耕地面积 5%～8%，干热风等危害地区为 3%～6%，其他地区为 3%。一般农田防护林网格面积应不小于 20 公顷。农田防护林网占耕地比例见表 5-11。主防护林带应垂直于当地主风向，沿田块长边布设；副林带垂直于主防护林带，沿田块短边布设。林带应结合农田沟渠配置。一般林带间距约为防护林高度的 20～25 倍，主林带宽度 3～6 米，西北地区主林带宽度按 4～8 米设置，栽 3～5 行乔木，1～2 行灌木；副林带宽 2～3 米，栽 1～2 行乔木，1 行灌木。防护林应尽可能做到与护路林、生态林和环村林等相结合，减少耕地占用面积。平原地区宜种植意杨、宣杨、水杉等；丘陵地区宜种植水杉、辽河杨、意杨、樟树、松树、塔柏、柏树、杨柳等（图 5-9）。

表 5-11　农田防护林网占耕地比例

区域	类型区	占耕地率（%）
东北区	平原低地类型区	3～6
	漫岗台地类型区	4～5
	风蚀沙化类型区	6～8

（续）

区域	类型区	占耕地率（%）
华北区	平原灌溉类型区	1～4
	山地丘陵类型区	7～8
	低洼盐碱类型区	6～8
西北区	黄土高原类型区	4～6
	内陆灌溉类型区	6～8
	风蚀沙化类型区	6～8
西南区	平原河谷类型区	1～3
	山地丘陵类型区	2～3
	高山高原类型区	4～6
东南区	平原河湖类型区	1～3
	丘岗冲垄类型区	2～3
	山坡旱地类型区	4～6

图 5-9　农田防护林

（二）岸坡防护工程

护岸工程是防止河道崩岸的有效措施，在历年抗洪和维护河势稳定中发挥了重要作用，成为防洪工程体系的组成部分和河势控制规划中的重要工程措施。已有水下护坡工程诸如丁坝、抛石、抛矿渣、沉排、沉笼等；水上护坡采用削坡砌石、铺垫混凝土预制块、浇筑混凝土等，都在一定程度上具有保护岸坡、维持河道稳定的作用。但这些护岸工程主要是增强岸坡表层的抗冲能力，防止岸坡土体冲失、岸坡变陡，影响其稳定性。从本质上讲，河岸物质构成是决定岸坡稳定性的内部因素。随着科学技术的不断发展，考虑到岸坡的内部因素，新的护岸方式也在不断出现。

（三）沟道治理工程

沟道治理工程的作用是为了固定沟渠床，拦截沟渠床上方被冲下的泥沙，避免和降低山洪和泥石流等自然灾害带来的威胁。与此同时，沟道治理工程还可以避免沟渠道底部下切，稳固并提高土地侵蚀的基准面，降低沟渠道纵坡，并减小坡面山洪泥石流的流速。沟道治理工程对于沟渠和山坡的结构稳定具有非常重要的意义。沟道治理工程的措施包括谷坊、拦沙坝、淤地坝、防冲槛、沟床铺砌、种草皮、沟底防冲林、小型水库、护岸工程等。

第六章

闲置宅基地工程与研究实践

第一节　闲置宅基地复垦工程实践

一、典型山区

（一）安徽省金寨县

金寨县位于安徽省六安市，地处安徽省西部，大别山主脉北坡，是典型的山区城市。据统计，2015 年以前，金寨县农村共有自然村庄 1.64 万个，农户 15.6 万户，村庄建设用地 19.2 万亩，其中宅基地 18.2 万宗 4 500 万米^2，闲置废弃宅基地 2.6 万宗 720 万米^2。当地农村宅基地具有点多、面广、缺规划的特点。2014 年中共中央办公厅国务院办公厅印发《关于农村土地征收、集体经营性建设用地入市、宅基地制度改革试点工作的意见》的通知（中办发〔2014〕71 号），2015 年初，中央批准金寨县为全国 15 个农村宅基地制度改革试点县之一（图 6-1）。

1. 主要做法与成效

（1）主要做法

①出台政策指导宅基地复垦。2016 年，金寨县农村宅基地制度改革试点工作领导小组和小组办公室连续印发了《金寨县农村居民建房用地管理暂行办法》等 4 个文件，推进宅基地改革。

出台《金寨县农村居民建房用地管理暂行办法》，首先明确了农户、农村宅基地、一户一宅 3 个概念的含义，为宅基地改革相关政策的制定和实施扫清了障碍。其次，乡镇政府按 $1+X$（$X\leqslant3$）原则，即 1 个中心村、不超过 3 个保留自然村，设置村庄布局，编

图 6-1　金寨县闲置宅基地复垦调研与专家座谈会

制村级土地利用规划和村庄规划，村民委员会按规划建中心村和保留自然村。第三，实行宅基地一户一宅，不超过 4 人的，每户须低于 120 米^2，每增 1 人增加 20 米^2，最多 160 米^2。第四，鼓励农户到县城、集镇买商品房，到规划中心村、保留自然村建房，退出原宅基地。第五，规划外区域，原则上不再审批农村居民新建住房，不再投资基础设施建设。同时，坚持老有所养、老有所安、户有所居、节约用地原则申请建房分户。对于不在规划村庄内的原有住宅危旧或因灾倒塌，确需在原址改建的，每户不得超过原宅基地面积，同时最大不得超过 120 米^2，且不享受相关建房优惠及补贴政策。

出台《金寨县农村宅基地节约集约和有偿使用办法（试行）》，一是奖励节约集约用地建房，执行宅基地一户一宅的，可无偿获得宅基地使用权。二是对批准到规划布点的村庄内新建住房的农户，使用宅基地面积小于 160 米^2 的，每少 1 米^2 给予 100 元奖励。三是对符合宅基地申请条件但自愿放弃申请的，每户奖励 2 万元。四是一户一宅超标准占用宅基地部分，按阶梯价收取使用费，一户多宅的多宅部分，按每米^2 每年 15 元收取有偿使用费。

出台《金寨县农村宅基地自愿退出奖励扶持办法（试行）》，

一是一户多宅等实行无偿退出，一户一宅等实行有偿退出。二是实行地上房屋拆除补偿+宅基地退出补偿。三是放弃宅基地的，每户奖励2万元。四是给予到县城、乡镇买房，在乡镇规划区建房的农户奖励性补贴。五是建立完善宅基地退出社会保障机制。

②制定宅基地退出规划和工作流程。首先，乡镇政府要对腾退宅基地摸底，听取群众意见，依据土地整治、村级土地利用、村庄布点规划，结合美丽乡村建设、易地扶贫搬迁、移民避险解困等确定腾退宅基地，制订退出计划并报县国土局，县国土局编制宅基地退出复垦规划，报县政府审批。其次，产权人申请宅基地退出，以户为单位立卷。第三，村集体经济组织审核，乡镇人民政府审查，公示信息，县农村宅基地制度改革试点工作领导小组审批。第四，签订自愿退出宅基地协议，上报购房人名册。第五，签订购房（建房）协议，申领宅基地退出补偿（补助）金，办理惠农贷款和小额扶贫贷款。第六，产权人申请房屋腾空验收，宅基地整治复垦。第七，复垦验收。第八，档案管理。

③宅基地复垦与验收。一是乡镇人民政府为主体编制宅基地复垦实施方案。宅基地腾退地块必须是最新土地利用现状图上的农村居民点（203）用地，复垦范围以图斑确定的四至界线为准。实施方案文字材料包括：复垦方案及预算，土地类别和权属证明材料，拆迁补偿安置证明材料，民意调配、听证、公示材料，乡镇政府初审材料。实施方案图件材料包括：腾退地块所在位置的土地利用总体规划图、复垦地块的土地利用现状图、不同角度现状照片、地块勘测定界图、复垦规划图、单体工程设计图、规划复垦新增耕地质量评定报告及图件。二是乡镇人民政府牵头实施宅基地复垦。以招标方式确定项目施工单位，零星分散的宅基地复垦项目，由原集体经济组织或原宅基地使用人按要求施工。复垦地块要做到：净——建筑物拆除彻底，清运干净。平——地表平整，有一定坡度的地块应采取梯田平整方式，高差较大的田坎要护坡加固。厚——耕作层至少达到30厘米，土壤满足耕种条件。细——不板结，没疙瘩。齐——沟渠、道路等配套设施齐全。管——实施工程招投标，施工

监理，复垦后尽快明确耕种主体，加强后期管护。三是宅基地复垦验收。乡镇政府自验合格后向县政府申请验收。县政府对通过验收批次下达批复文件，并向省自然资源厅申报验收备案。省自然资源厅对申报的备案批次进行内业全面核查，按不低于30%的比例随机抽取地块进行外业实地核查。验收申报文字材料包括：复垦工程竣工报告及结算材料，复垦耕地质量评定报告，土地权属变化说明，实施方案批复，乡镇政府自验意见，有关合同、协议、任务委托书。验收申报图件材料包括：腾退地块土地复垦竣工验收图和勘测定界报告，复垦地块界址红线汇总的CAD图电子版，腾退地块土地利用现状变更图（1：10 000标准分幅图）。四是建立腾退建设用地指标库。通过省级复垦验收核查批次的节余指标进入省级储备库，根据指标需求情况，在省公共资源交易平台进行公开挂牌转让。

（2）取得的成效

①形成节约集约用地的村庄布局。实施闲置宅基地复垦工作能够引导农民有序向城镇和规划点集中，并从住房、就业、公共服务等多方面为农村居民进城入镇提供保障。金寨县按照每个行政村1个中心村庄、不超过3个保留自然村庄的原则，编制了村级土地利用规划和村庄布点规划，规划了183个中心村庄、397个保留自然村庄，引导农民有序向城镇、向规划点集中，从住房、就业、公共服务等多方面为农村居民进城入镇提供保障。截止2019年，全县已启动建设446个搬迁安置点，建成村庄总占地面积不足5 000亩，比改革前减少50%以上。同时，按照适宜农业生产、农民生活的理念，金寨新建住宅均按照2层以上4层以下多层结构建设，不仅减少了土地占用，而且实现了农村住宅一层向多层转变、地面向空间发展。引导农民有序向城镇和规划点集中，并从住房、就业、公共服务等多方面为农村居民进城入镇提供保障。

②新增耕地，有效缓解建设用地指标短缺。通过宅基地复垦，金寨县共有15 439户退出“一户多宅”的多宅部分和含“一户一宅”的超标部分，共腾退复垦村庄建设用地1.77万亩，219个批

次宅基地复垦项目通过验收，新增耕地 38 049 亩。

③改善生产生活条件，助力脱贫攻坚。金寨县户均获得宅基地退出补偿 8 万余元，加上易地扶贫搬迁、水库移民搬迁补助，户均增收 15 万元以上，极大地推动了贫困人口的脱贫解困。油坊店乡 1 134 户腾退宅基地，需安置 827 户，其中 486 个贫困户通过腾退安置，解决了住房问题。安置点为搬迁农户提供种植油茶等的就业，增加了农户收入。

④构建起宅基地改革制度体系。金寨县以《安徽省农村土地制度改革试点工作领导小组关于金寨县农村土地制度改革试点实施方案的批复》为核心，以农村居民建房用地管理、农村宅基地节约集约和有偿使用、农村宅基地自愿退出奖励扶持 3 个办法为支撑，以宅基地退出工作流程、宅基地腾退复垦地块验收、宅基地整治复垦及验收操作细则等制度为抓手，建立起较为完善的金寨宅基地改革的制度体系。

有偿使用费收取注重渐进性，确保农村宅基地节约集约、高效利用。初步建立了疏堵结合、奖惩并举的农村宅基地管理利用机制，对“一户一宅”超规定面积部分，按阶梯累进办法收取有偿使用费。宅基地退出补偿注重合理性，确保农村宅基地自愿有偿、有序退出。坚持因地制宜，采取无偿和有偿相结合的方式引导宅基地自愿有序退出。宅改试点措施注重多样性，确保宅基地改革与脱贫攻坚有机结合、保障有力。捆绑叠加宅基地改革、易地扶贫搬迁、水库移民解困等多项扶持政策，引导“两户三房”即“贫困户、移民户”和居住在“土坯房、砖瓦房、砖木房”的农户自愿搬迁，通过综合运用奖补政策，合理配置政策资源。

金寨县农村宅基地制度改革试点工作启动以来，在国家、省、市的精心指导下，县委、县政府坚守改革底线，大胆探索、大胆试验、大胆创新，创造了农村宅基地制度改革与脱贫攻坚深度融合的“金寨样板”。国家发展改革委员会在 2019 年 4 月总结了全国 24 条第一批国家新型城镇化综合试点经验，金寨县的农村宅基地自愿有偿退出、有偿使用、宅基地腾退复垦节余指标在省内交易 3 条经验被全国推广。金寨县推进农村宅基地制度改革试点的做法，先后被新华社、人民日报、中央电视台等10余家中央媒体宣传报道，并在全国农村制度改革三项试点工作会议、扶贫论坛等会议上交流发言，省内外80多个市、县、区到金寨县考察交流学习，为今后继续做好闲置宅基地复垦工作提供了经验。

2. 主要不足　金寨农村闲置宅基地复垦调研虽取得了很大成就，但也存在一些问题，主要表现在以下几个方面：①复垦宅基地后的新增耕地难以实现村集体经济有效收益。复垦后的耕地地块小，零星、分散，管护较困难。为了不荒废，复垦地块大多由附近农户先行临时耕种，尚无好的办法实现复垦宅基地的有效利用，形成集体资产增值。②“一户多宅”有偿使用费征收较难，没有硬性措施，不能保证公平征收到位。对那些既不愿意拆，又不缴纳有偿使用费的，没有好的手段确保实施，后期矛盾也会更加突出。③搬迁户后续产业发展单一，实现长期稳定增收难度大。全县以茶产业为主导，家家户户发展茶叶生产，除了茶叶以外，没有密集型企业，难以实现搬迁户在安置点就近务工，就近就业，搬迁后稳定增收渠道依然有限。④集中安置点对农户家庭养殖带来不便。⑤有些腾退出来复垦的土地管理不便。由于地块较小，离居住地方较远，高寒地区遇雨雪天气道路交通不便，多不方便管理，零星分散的地块基本上种植油茶和茶叶。⑥复垦后的土壤耕地质量无法保证。验收过程中只通过目测来判断质量是否达标，没有定量化的指标确定耕地质量。

（二）广东省新丰县

新丰县地处广东省中部偏北、韶关市南端、珠三角发达经济圈边缘。2018年省、市下达新丰县拆旧复垦任务共200亩，新丰县立项拆旧复垦项目6个，立项总面积228.37亩，主要分布在丰城街道、沙田、遥田、黄礤、回龙5个镇9个行政村，共24个村民小组307户。为规范化推进宅基地拆旧复垦工作，广东省原国土资源厅、自然资源厅先后印发了《广东省国土资源厅关于做好复垦周转指标申报工作的通知》（粤国土资规划发〔2018〕9号）、《广东省国土资源厅关于设立复垦指标交易最低保护价的通知》（粤国土资规划发〔2018〕76号）、《广东省国土资源厅关于加快推进拆旧复垦工作的通知》（粤国土资规划函〔2018〕2254号）、《广东省农村建设用地拆旧复垦管理办法（试行）》（粤自然资源规字〔2018〕2号）、《广东省自然资源厅关于印发广东省农村建设用地拆旧复垦工作指引的通知》（粤自然资规划发〔2018〕14号）和《广东省自然资源厅关于做好复垦指标交易和复垦周转指标归还有关工作的通知》（粤自然资规划函〔2018〕583号）等系列文件。一是引导广州等珠三角地区9个地级以上市申报复垦周转指标，通过广州耕地储备指标交易中心设立的交易平台以每亩50万元的最低保护价及时购买复垦指标，归还下达的复垦周转指标，低于保护价不能成交。二是加快推进拆旧复垦，向汕头等15个粤东西北地区的县市下达2018年拆旧复垦突破1万亩的重点任务。三是出台办法和指引，加强建设用地拆旧复垦管理，规范复垦指标交易使用，拆旧、复垦费用分别按2万元/亩、3万元/亩列入成本。四是加快推进复垦项目验收备案，保障复垦指标顺利交易，做好复垦周转指标归还（图6-2）。

图6-2　新丰县闲置宅基地复垦调研与专家座谈会

1. 主要做法与成效

(1) 主要做法

①成立了以县长为组长的拆旧复垦工作领导小组，从县自然资源局、农业农村局、财政、水务等部门抽调人员共同开展工作。各镇（街）亦成立相应机构，做到上下联动、协调配合、共同推进。在潜力调查、资源摸底的前提下，新丰县选择了群众支持度较高的丰城街道、沙田镇先行实施拆旧复垦工作，形成了“政府牵头、县级立项验收、镇级实施、村组配合”的工作模式，县政府下达目标，自然资源部门负责项目立项、规划设计及项目验收，财政部门审核项目预算及工程财务，乡镇政府作为项目实施业主负责组织发动村民、选址、宅基地权属调查登记、实施拆旧复垦及后期管护。

②采用 1∶10 000 卫星影像为底图，套合土地利用现状图，对新丰县符合拆旧复垦地类图斑的地块进行判读，根据判读结果，进行实地核查。同时，组织有关部门深入调查全县范围内的农村旧住宅、废弃宅基地、空心村等闲置建设用地的基本情况，调查主要内容为农村村庄中已拆除和拟拆除地块的位置、面积、现状利用情况，拟建新面积、可用于复垦面积、现状用途和规划用途等，核查后将选定拆旧复垦的地块，与当地镇政府和村委会、村小组对接，了解农民意愿等基本情况，农民有初步意愿的，将列入拆旧复垦清单。

③通过广泛发动群众，充分利用各种宣传渠道，在村主要路口，村委会和拟拆旧点悬挂横幅，张贴宣传标语条，发放宣传小册子，提高群众的知晓度。县政府分管领导以上率下，带着工作组成员从选点、图斑排查、实地走界、进村入户摸底。县拆旧复垦工作人员对拆旧复垦有大潜力的村两委干部作动员，组织村民代表大会、村民理事会，宣传拆旧复垦政策要点和促进美丽乡村建设方面的利好，通过镇、村、组干部座谈会，广泛征求对拆旧复垦的意见，激发群众积极性和主动性，使拆旧复垦政策深入人心，营造了良好的社会氛围。

④采取示范先行实施、综合推进的做法，根据省厅市局关于拆旧复垦工作要求，选择群众支持度较高的丰城街道、沙田镇先行实施，以此探索符合新丰县实际的拆旧复垦工作机制，基本形成以“政府带头、县级验收、镇级组织、村组配合”的工作模式，县政府下达目标，自然资源部门审核项目立项、规划设计及项目验收，财政部门审核项目预算及工程财审，乡镇政府为项目实施业主并负责组织发动村民、项目选址、权属调查登记、实施拆旧复垦及后期管护。

（2）主要成效　截至2019年6月11日，6个拆旧复垦项目已全面完成施工及验收，新丰县全面完成2018年度省、市下达的工作目标，新丰县2018年度拆旧复垦指标均已通过广州耕地储备指标交易中心公开出售，出售总面积221.91亩，成交总金额11 552.55万元。

2. 主要不足

（1）忽视前期规划　虽然《广东省全面推进拆旧复垦促进美丽乡村建设工作方案（试行）》在工作目标中明确提出要编制村庄规划，但在实际操作中，这一环节往往被忽视。拆旧复垦不是以规划为引领，而是完全取决于村民意愿，给拆旧复垦工作的开展和后期管护埋下了障碍。

（2）忽视复垦农用地质量建设和管护　《广东省农村建设用地拆旧复垦管理办法（试行）》规定，农村建设用地复垦后，形成的农用地应当符合《土地复垦质量控制标准》（TD/T 1036—2013）等标准的相关要求。但实地考察时发现，3个村复垦农用地在质量建设方面，未严格按标准要求操作和验收，复垦农用地的质量堪忧。龙门县复垦地块本身的立地条件较好，复垦后园地质量相对好些，部分用地现状为菜地。但新丰县的复垦项目由于包括覆土在内的土体重构措施欠缺，导致复垦后的土壤中碎石多，质量明显降低，土地利用水平不高。两个县也都认识到，由于前期缺乏合理规划，造成复垦农用地的后续管护困难。

（3）宣传解释工作有待提升　在实施拆旧复垦项目时，由于各基层单位在宣传、解释此次拆旧复垦项目与以往征地、土地增减挂项目间的政策差异不到位，导致村民将拆旧复垦指标交易收益与征地补偿价格相比较，两者每亩收益相差 26 万元，可能会对今后的征地工作造成影响。

（4）拆旧复垦收益未能充分发挥在美丽乡村建设方面的作用　拆旧复垦工作虽然为地方财政以及农民带来了资金收益，但是在乡村振兴、生态家居美丽乡村建设方面的潜力还没有得到充分挖掘，乡镇政府缺乏统筹考虑，利用资金发展一村一品、一镇一业的积极性不高。除此之外，还存在群众意愿反复，拆旧复垦工作没有明确经费，工作推动难度大等问题。

（三）广东省龙门县

惠州市龙门县位于广东省中部，增江上游，地处珠江三角洲的边缘，土地总面积 226 720.31 公顷，2017 年开展的龙门县土地利用总体规划调整完善前，龙门县农用地面积 210 989.37 公顷，占土地总面积的 93.08%，其中林地面积 162 030.8 公顷，占土地总面积的 71.47%；耕地面积 19 553.91 公顷，占农用地总面积的 9.27%。建设用地面积 7 274.5 公顷，占土地总面积的 3.19%，其中城镇用地 1796.25 公顷，占建设用地总面积的 24.32%；农村居民点用地 3 614.92 公顷，占建设用地总面积的 49.93%，农村居民点用地约为城镇用地的两倍。基于建设用地分布利用的实际情况，决定了大部分地区农村居民点只注重扩张，新建宅基地不注重在内部挖掘，形成了土地利用集约化程度不高，村内宅基地未能得到有效利用，布局分散，土地利用效益低，建新后旧的宅基地无人居住，造成“空心村”、土地闲置、低效利用的状态，没有严格落实“一户一宅”的政策（图 6-3）。

1. 主要做法与成效　龙门县以习近平新时代中国特色社会主义思想为指导，践行绿水青山就是金山银山，迎难而上，结合美丽乡村建设和脱贫攻坚总体目标，编制村庄规划，改善人居环境，力争在十年内全面完成农村旧住宅、废弃宅基地、空心村等闲置建设用地的拆旧复垦工作，有效解决农村建设用地闲置等

图 6-3 龙门县闲置宅基地复垦调研与专家座谈会

问题。

2018 年 7 月，省下达给龙门县拆旧复垦目标任务为 100 亩，为有效推进该项工作，龙门县委、县政府高度重视，先行垫付了工作经费，由县自然资源局牵头，组织各乡镇对本辖区内闲置的村庄用地进行调查摸底，实地勘察现场，征求村民意见，宣传政策，为全面实施拆旧复垦工作打下了良好的基础，最终龙门县确定拆旧复垦立项项目 10 个，立项面积合计 146.335 亩。通过项目设计、施工、验收等程序，10 个项目均已完成了验收，最终验收面积为 133.968 亩，龙门县超额完成了上级下达的目标任务。

2. 主要不足 龙门县闲置宅基地复垦工作中，除存在着与新丰县相似的问题外，还有一些自身的问题。一是拆旧复垦对村民来说，是个新鲜事物，接受需要一个过程。二是拆旧复垦涉及村小组和村民的利益分配问题，很难去平衡。三是拆旧复垦中的空心村中间基本都有旧祠堂，需要道路及配套设施。四是未留给村民一部分土地自建，村民积极性受影响。五是未将保底工资先给到农户，再进行拍卖。六是指标上平台，未优先考虑本县的发展。七是缺少后期管护与培肥。

二、典型平原区

（一）河南省郸城县与郏县

河南位于中国中东部、黄河中下游，人多地少，人均耕地1.27亩，城乡建设用地资源十分紧张。2015年省政府印发《关于进一步规范农村村民住宅建设的指导意见》，全面推进以闲置宅基地为主的集体建设用地复垦工作，着力解决部分村庄规划布局不合理、农村建设用地指标不足、农房私搭乱建、违规占用土地、质量安全隐患等问题，改善农村人居环境，减少资源浪费，保障村民合法权益。但是，这项工作仍处于起步阶段，在政策落实、效益挖掘和复垦质量方面存在一些问题（图6-4）。

图6-4　河南省闲置宅基地复垦调研

1. 主要做法与成效

（1）郸城县　2016年，郸城县根据《河南省人民政府办公厅关于印发河南省城乡建设用地增减挂钩试点暂行办法的通知》（豫政办〔2009〕124号）、《河南省土地整治管理办法》《河南省国土资源厅关于全面实行耕地先补后占有关问题的通知》（豫国土资发〔2009〕85号）、《河南省人民政府关于进一步落实最严格耕地保护制度的若干意见》（豫政〔2015〕71号），启动了以“空心村”整治为内容的宅基地复垦工作。2017年7月，郸城县人民政府办公室印发了《郸城县空心村整治工作实施方案》，成立以县长为组长，县常委、法院院长、检察长、国土资源局局长、财政局局长为副组长，监察、扶贫、人社、民政、住建、电业、水利、农牧、林业、发改等相关局（委）和乡镇党委书记、乡（镇）长为成员的土地综合整治领导小组。按照“政府推动、先易后难、稳步推进”原则，依据土地利用总体规划、村镇规划及其他相关政策，参照土地整理复垦办法，开展土地综合整治工作。由于这项工作涉及面广，矛盾多，困难突出，为稳妥起见，郸城县委、县政府采用先选择性地开展试点，因地制宜，一村一策，待积累成功经验后，再全面铺开的做法。一是对规划混乱、长期无序建设、占地较多又远离交通线、群众生产生活不方便的空心村，实施整体搬迁到最近的公路沿线居住，重新集中规划建设，腾出来的土地全部进行整治。二是对空心村内一部分零散、宅基地长期闲置的住户，实施村内局部调整，整村合理归并，集中安置，规划建设，腾出来的建设占地进行整治。三是通过四议两公开解决拆迁户安置。如丁村乡从楼村针对部分拆迁户无处安置问题，乡党委和政府通过四议两公开，取得2/3以上群众同意，建设了18套中转房，彻底解决拆迁户的住房问题。在充分尊重群众意愿的前提下，郸城县对旧房集中拆除，并进行土地复垦耕种，改造后，土地仍归村集体所有，让凋零破败的村庄变身为整片粮田，残垣断壁的旧房变成了现代化小区，在增加农民人均耕地面积的同时，分散的小村变成了大村，农业生产更成规模，基础设施更容易配套，极大地推动了现代化农业和美丽乡村的建设。

到2017年共整治2 610亩，其中，复垦耕地1 560亩，增加建设用地指标1 050亩。2018年，郸城县开始在全县范围内全面开展农村闲置宅基地拆旧复垦工作，2018年和2019年两年，实施面积分别为10 662亩和9 728亩。4年来，累计复垦农村闲置宅基地

2.3 万亩，其中复垦耕地 21 950 亩，置换建设用地指标 21 440 亩。通过拆旧复垦，归还了新型社区和增减挂钩先建后拆项目建设用地指标欠账 1 900 亩，在全省土地复垦券交易平台备案交易 B 券（增减挂钩）指标 5 700 亩，截至目前已交易 1 638 亩，交易价款 3.58 亿，共拨付各乡镇空心村整治奖补资金 1.7 亿元。

（2）郏县　2010 年 1 月，郏县人民政府印发了《郏县农村宅基地管理办法》，规范住宅建设用地秩序，加强宅基地审批、使用和管理。2017 年，郏县开始统筹谋划实施了拆旧复垦、“双违”（即违法占地、违法建设）整治和“一户多宅”治理工作。在“双违”整治中，将“一户多宅”治理作为重点，对宅基地超占、乱占、抢占、闲置、划新不交旧等现象进行铁腕整治。工作推进中，一是坚持四议两公开，形成治理政策，一个政策执行底，一碗水端平，对上交宅基地和租赁房等进行法律公证，保证相关责任人利益。二是坚持乡镇、村党员干部带头，率先拆除自家“双违”建筑，上交多占宅基地。三是坚持先难后易，先从“钉子户”、难缠户下手，撕开突破口，打好破局战。四是坚持发挥村级自治作用，群众的事情群众干，村“两委”党员干部、群众代表集体研究解决。五是整治后的宅基地全部收归村集体，签订自愿上交协议书，厘清产权关系，为农村产权制度改革奠定坚实基础。六是对宅基地上的危房全部拆除，对收回的“一户多宅”宅基地上质量较好的房屋通过租赁等方式，增加村集体收入。七是对符合新划宅基地的农户，从收回空白宅基地中安排，减少新划宅基地，房屋一年内建成，垃圾清运完毕后押金退回，否则押金不退，宅基地收归村集体。八是部分指标交易和内部流转收入用于支撑宅基地复垦。目前，郏县实施拆旧复垦所需资金全部来源于新增建设用地指标交易所得和宅基地租赁收入，没有其他项目资金支持。

2017 年 9 月至 2018 年 11 月，郏县全面启动对农村荒芜土地、废旧坑塘、闲置破房等全面整治，累计复垦土地 2.1 万亩，归还新农村、小城镇建设指标和高铁片区、教育倍增、棚户区改造、医养结合、招商引资等各类项目用地配置指标等历史欠账 10 013 亩，市内交易指标1 203亩，县内交易指标535亩，储备指标6 683亩，实现指标交易和内部流转收入2亿元。2019年4月，郏县开始“违法占地、违法建设”整治，截止调研时，全县累计整治“双违”问题16 612宗，面积761.9万米^2（1 0856.1亩），整治“一户多宅”8 008处、150.8万米^2（2 261.4亩），其中拆除2 817处，收回空白宅基地1 049处，收回有房宅基地4 142处，打通村内“断头路”383条，已验收复垦土地指标463亩，正在组织县级初验约700亩，预估价值约1.5亿元。对不符合复垦耕地验收条件的，种植绿化树、果树和花草，建成树园、果园、花园、游园412个。

2. 主要不足 河南省宅基地拆旧复垦工作，盘活了农村建设用地资源，推动了脱贫攻坚，优化了村民生活环境，但同时也存在一系列问题尚未解决。

一是政策、法律宣传工作有待提升。由于农民群众法律意识淡薄，基层政府政策、法律宣传不到位，很多农民认为建房前一般只要村集体同意就可以开始建设，导致建房随意性大，农村宅基地的无序利用现象增加。

二是轻视宅基地复垦耕地的质量建设。建设用地转为农用地是一个脱胎换骨的过程，现阶段的宅基地复垦强调的是地类调整，工程设计在宅基地的拆、清、平、耕、培肥方面没有针对性体现。特别是郏县在“一户多宅”治理工作中，由于工作推进的需要，重在超标和违建住宅的拆除、移除，没有复垦的工程设计、质量控制和项目管理。两个县的宅基地复垦基本上仅是将地面建筑和硬化部分拆除、移除后，翻耕35厘米就结束了，缺少土地整理、改良、培肥过程，以及更重要的耕地利用指导和后期管护过程。

三是缺少相关政策制约，部分土地纠纷难以妥善处理。目前，我国农村的大量信访案件是因土地纠纷而起，其中，宅基地纠纷又占很大比例。在案件处理上，因缺少政策支持，相关部门的协调工作收效甚微。如农民翻修宅基地时新修盖的楼房超高超宽，“一户一宅”的认定方法缺少明确规定。

四是拆旧复垦带来的生态环境收益未能充分发挥。拆旧复垦工作虽然为地方财政以及农民带来了资金收益，但是在乡村振兴、生态家居美丽乡村建设方面的潜力没有得到充分挖掘，乡镇政府缺乏统筹考虑，对复垦后的土地虽部分已开发利用为树园、果园、花园、游园等，却还未形成有一定规模的产业链。除此之外，还存在村民习惯于将宅基地作为自己的个人财产来对待，村集体向村民收回多占的宅基地时会受到较大的阻力，拆旧复垦工作没有明确经费等问题。

（二）安徽省泗县

泗县是宿州市下辖县，位于安徽省东北部，黄淮海平原南端。泗县屏山镇土地总面积 280 800 亩，其中农村宅基地面积 4 988.70 亩，人均宅基地面积 0.08 亩，屏西村雍庄作为该镇增减挂钩重点实施整治的村庄。该村总人口 4 370 人，土地总面积 15 489 亩，其中农村宅基地面积 275.10 亩，人均宅基地面积 0.06 亩。复垦前房屋破旧，大部分无人居住，群众要求拆迁意愿较高，复垦后的土地权属不变，由各农户自行耕种（图 6-5）。

图 6-5　泗县长沟镇现场调研情况

1. 主要做法与成效　对于泗县闲置宅基地的基本情况，调研小组利用影像图在电脑上找出各村各庄适宜进行增减挂的地块，结合实际，计算成本，并配合村里进行地块整治复垦。多次督查复垦到位后联系测绘部门进行测绘绘图，报批组卷，为工作顺利推进提供坚实保障。进一步明确分工，务实责任，同时要求村主要负责人亲自抓工作，切实加强督查调度，强力推进增减挂工作提速、提档、提标。

充分利用土地增减挂钩政策，通过拆除旧村建新区，使分散的农村居民点从自然形态向统一规划形态转变，并配套了道路、水、电、垃圾污水处理等基础设施，完善了托儿所、卫生室、便民超市等公共服务设施，逐步将乡村基础设施和城市基础设施融为一体。

屏山镇自2018年以来，通过大力实施土地增减挂钩试点项目，共拆腾宅基地面积2 000亩，新增耕地800亩；屏西村雍庄目前已经拆腾土地235.26亩，统一规划建设安置点占用土地10亩；长沟镇自2018年以来，共拆腾宅基地面积1 050亩，新增耕地960亩；洋城湖村老尤庄共拆迁面积1 498.72米^2，已经复垦土地37.50亩并通过验收，复垦后的土地权属不变，由各农户自行耕种。土地增减挂钩试点项目优化了土地结构，提高了土地利用集约度，统筹了城乡发展，助推了乡村振兴战略实施和美丽乡村建设。

2. 主要建议 针对泗县屏山镇以及长沟镇闲置宅基地的复垦工作，总结出以下几点建议：

一是完善农村宅基地改革制度体系。以建章立制为抓手，规范试点运行，在已基本建立农村宅基地制度的框架基础上，积极打通三项试点的政策通道。

二是完善农村宅基地权益保障和取得方式。鼓励农村居民到县城、集镇购房，或到规划的中心村庄、保留的自然村庄建房，并退出原宅基地，探索农村居民住房保障在不同区域户有所居的多种实现形式。

三是探索农村宅基地自愿有偿退出机制。农村宅基地退出因地制宜，采取无偿和有偿相结合的方式，引导宅基地自愿有序退出。

四是充分释放改革政策红利。推动改革与脱贫深度融合，叠加宅基地制度改革、易地扶贫搬迁、移民避险解困、美丽乡村建设等优惠政策，激励贫困户主动参与易地搬迁。

五是科学选址，因地制宜。在拆旧区选址上，立足实际，符合双规政策，避免生态红线保护区，选取优势明显、布局散乱、闲置、利用率较低且易于实施的村庄纳入项目区，为挂钩试点打下良好基础。

六是充分尊重群众意愿，维护群众利益。根据国土资源部《关于规范城镇建设用地与农村建设用地减少相挂钩试点工作的意见》（国土资发［2005］207号）文件精神，明确挂钩试点工作的目的、意义、标准和要求，确保试点工作顺利开展。

七是摸清现状条件，合理设计。针对增减挂钩项目地块，国土部门组织有关股室、乡镇村代表、设计单位，逐一地块踏勘调查，摸清地块现状实地条件，合理布局工程设计。

（三）上海市奉贤区

上海市奉贤区位于长江三角洲东南端，地处上海市南部，近年来，奉贤区在确保农民“离地不失地、离房不失房”的前提下，创造性提出并实现了宅基地权益资产化、股权化、市场化的跨越式转变，为解决农民相对集中过程中空置房产的利用问题提供了可行办法（图6-6）。

图6-6　奉贤区闲置宅基地盘活

1. 主要做法与成效　奉贤区把农村盘活闲置宅基地和闲置住宅作为实施乡村振兴战略的重要切入点，鼓励各街镇因地制宜探索盘活农村闲置房地资源，加强统筹使用的有效机制。

一是加强制度设计，形成“1＋3”平台。“1”即设计宅基地“政策超市”，提供流转利用、置换上楼、平移归并、货币置换、股权置换等多元化政策，让农民自主选择最符合自身利益的政策产品。“3”指的是3个平台，成立投资公司，推动农村集体资产配置和管理从零散到集中；成立建设公司，实现置换、归并的宅基房屋品质提升；成立经租公司，提高宅基房屋经营、流转等服务水平。

二是创新投资机制，推动闲置宅基房屋改造。村委会严格按照用地标准和建房标准，对闲置宅基房屋进行整体升级改造，完善配套设施建设，改善农村人居环境。村民自行拆除原有宅基证外超占部分的违法建筑，营造整洁有序的生活环境。南桥镇由镇集体出资500万元、江海经济园区出资300万元、华严和灵芝两村各出资100万元成立房屋租赁管理有限公司。村民只需承担每平方米1 200元的改造费用，其余资金由镇、村集体托底。村民可自愿将改造好的宅基房屋委托村集体进行统一经营管理，既增加了农民的房租收益，又增强了村级集体经济。

三是围绕生态宜居，引导农民相对集中居住。奉贤区将农民相对集中居住作为改变农村零散面貌、提高农民生活品质的“牛鼻子”，实施“两个百万”工程，每年可新增集中居住和集体物业各100万米^{2}以上。2019年，2 072户相对集中居住项目已全面展开，年底完成签约1 300户。

奉贤区以宅基地制度改革为牵引，释放农村农业发展活力，把农村碎片化资源集成为优质资源，发挥集聚、整体效应，为村集体与农民增收创收开辟出新路径。一是共享红利，实现村民财产性收入大幅提升。农户按照传统方式出租一套自有住宅年收入仅2万～3万元，通过流转改造后出租，租金大幅度提升。金汇镇益民村与农户签订15年的流转协议，租金每平方米每五年递增0.1元，平均每户每年租金收入可达10万元。青村镇吴房村探索“租金＋股金＋薪金”模式，将空置宅基地投入产业经营，推进“守护家园”计划，明确餐饮旅游服务、安保、养老服务等岗位优先录用本地农民，实现家门口就业，让农户获得流转、分红、就业三份收益。柘林镇支持农民将集中居住后多余的宅基地面积货币化，再投资入股镇级资产经营公司，通过运营优质物业资源，实现分红增收。该镇推出奉贤检测大楼4 000万元权益项目，权益项目分为800份，每份5万元。项目的认购周期为3年，每年按照保底5.5%的收益进行一次分配，农民的获得感明显增强。二是改善村容村貌，提高人居环境质量。通过宅基房屋的成套改造，特别是对邻近宅基房屋进行小组团的布局调整，形成江南水乡民居的风貌特色，同时解决了农民房屋年久失修的问题，消除了原来农村出租房存在的私接电线、厨卧不分等居住安全隐患，降低了农村社会管理成本与治安风险，农民居住条件得到了明显改善。三是承载城乡融合功能，让农村换发新气息新活力。通过打造人才公寓等方式，园区企业人才从过去较为拥挤、工厂化宿舍式的居住空间，搬入到了环境优雅舒适、乡村田园宜居的农村社区。优秀企业员工与村民一起居住，年轻人日益集聚，既规范了外来人口管理和农村社区基层治理，又为农村注入了活力，推动了新型农村社区的逐渐形成，改变了原来农村以老人居多，老龄化严重的状况。

2. 经验与不足　奉贤区在盘活存量宅基地资源用于创意产业、总部办公、人才公寓等方面进行了颇有成效的创新探索，在今后闲置宅基地处理问题上开拓出新的解决办法。奉贤区闲置宅基地处理的创新探索主要有以下几点。

一是盘活宅基地用于民宿经营。利用闲置宅基地农房、闲置集体建设用地等资源，依托当地自然景观、生态环境、人文风情及农业生产活动，为游客休闲度假、体验当地风俗文化提供住宿、餐饮、农副产品展销等服务，既保持乡村传统风貌，又体现当地生活特色。农户可结合自身实际选择流转方式，可自行协议流转给民宿经营者，也可以统一流转给村集体经营或对外招商经营。

二是盘活宅基地用于打造“三园一总部”。将“三园一总部”（即一庄园一总部、一公园一总部、一庭园一总部）作为打通绿水青山与金山银山的有效路径，充分挖掘乡村自身禀赋资源优势，借助市场推力，通过引入工商资本和人才，实现产业要素在乡村适度规模化聚集，形成农村庭院总部经济发展模式。金汇镇新强村选择靠近集建区及“东方美谷环金汇全马林荫小道”沿线区域，利用闲置宅基房屋资源，计划打造若干个“庭院总部”。总部经济带来的税收将“颗粒归仓”，区镇所得全部返还给村级集体经济组织，支持村集体经济发展。截至 2019 年底，奉贤已落户“三园一总部”项目 140 个，实现税收 2.1 亿元。

三是盘活宅基地用于打造乡村人才公寓。充分发挥毗邻工业园区的区位优势，结合美丽庭院创建，通过盘活闲置宅基房屋，打造“乡村人才公寓”。南桥镇统筹江海园区、运营公司、入驻企业、村集体、村民的管理工作，完善配套设施，增加物业服务，鼓励园区组织入驻企业的人才租赁房屋。华严村依托周边产业园区，发挥闲置宅基房屋较多的资源优势，委托南桥房屋租赁管理有限公司整体打造“星公寓”，解决周边企业职工租房需求。

目前，奉贤区宅基地流转有 13 个村，涉及 150 多户。各村根据自身实际情况选取了不同的侧重点来推进试点，各有成绩，也各自遇到了不同的问题。今后的工作，在农民自愿的前提下，要优先解决“三线”（高压线、高速公路、浦东铁路）地区农户宅基地问题，引导和鼓励农民自愿整体退出宅基地，采取多元化方式安置。

（四）宁夏回族自治区平罗县

宁夏回族自治区平罗县地处宁夏平原北部，于 2015 年启动实施农村宅基地制度改革试点以来，针对村庄布局零散和房屋空心率逐年增高的现状，按照“宜市则市、宜建则建、宜耕则耕、宜绿则绿”原则，由点及面、先易后难，分期分批对规划不保留村庄点进行清理腾退整治，进一步盘活闲置房地资源（图 6-7）。

图 6-7　平罗县闲置宅基地复垦前后对比

1. 主要做法与成效

（1）主要做法

①夯实“一个基础”，明晰农民房地权属。平罗县结合农村集体土地确权登记、农村集体经济组织成员身份界定等工作，对全县宅基地数量、面积、使用现状进行全面摸底调查，在全区率先开展宅基地确权，并完成“房地一体”不动产权证登记颁证。经调查，

全县1 113个村庄建设用地总面积13.9万亩。其中，宅基地60 557宗、5.5万亩，户均宅基地面积0.77亩。全县农村闲置宅基地和农房25 615宗，占总数的42.3%；“一户多宅”813户，非集体经济组织成员占用宅基地842宗。通过确权登记颁证，明晰了农民房地权属，为探索农民宅基地用益物权有效实现形式、维护农民住房财产权益创造了条件。

②探索“四个创新”，强化宅基地规范管理。平罗县针对历史原因形成的宅基地审批不严、批而未建、违规多占、“一户多宅”等问题，探索建立“超占有偿使用、新增成本分摊、转让政府补贴、审批县域统筹”的管理机制，进一步规范了农村宅基地的审批、使用等程序。一是超占有偿使用。在自治区规定宅基地确权面积270米^{2}的基础上，允许保留200米^{2}庭院用地无偿使用，超出470米^{2}按照差异化标准一次性收取有偿使用费，解决了农户占有集体资源不均衡的问题。二是新增成本分摊。对申请使用新增建设用地指标建房的，每户审批面积不得超过270米^2；如占用一般农田的，需要交纳相应占补平衡费用，有效遏制了农村宅基地批而不建、建而不用等闲置浪费现象。三是转让政府补贴。引导鼓励符合宅基地申请条件的农户，通过受让规划保留村庄内其他农户闲置宅基地的方式落实“一户一宅”，县政府按照每宗8 100元的标准给予转让补贴，有效盘活了农村存量宅基地，提高了土地利用效率。四是审批县域统筹。允许符合宅基地申请条件的农民，打破乡镇、村组界限，在全县规划保留村庄内调剂审批宅基地，推动了农村居住人口逐步向规划保留村庄集中，促进了农村土地集约节约利用。

③探索“五项机制”，释放改革叠加效应。平罗县以农村宅基地制度改革试点为契机，结合农村产权自愿有偿退出、生态移民搬迁安置、美丽村庄建设、农村人居环境整治、新型经营主体培育等方式，将农村宅基地制度改革与其他农村改革相结合，推动政策和制度创新，优化了农村资源要素配置，激发了农村发展动能。探索农村产权自愿有偿退出转让机制，破解宅基地“供”与“需”难题。针对农村人口向城镇转移，农民在农村住房需求锐减的特点，

平罗县制定《农村集体土地和房屋产权自愿退出收储暂行办法》等配套办法，设置3种退出方式供农民选择，允许农民将土地承包经营权、宅基地使用权和住房财产权自愿有偿退出转让。结合插花安置移民，对全县规划保留村庄中1 638户进城农户房地进行收储改造，把移民分散安置到退出产权的农民所在村组，不再进行集中安置，形成“大分散、小集中”的安置模式，有效解决了移民安置的难题。为解决“十二五”生态移民“多代多人”的住房困难，平罗县采取“院内扩建、就近转让、城镇购房”方式探索移民安置新途径，实现了增加退出农民财产性收入、盘活存量建设用地、节省政府安置成本、改善人居环境、加快移民脱贫致富的“多赢”。

探索“空心村”整治复垦机制，破解集体土地利用效益不高难题。调整完善土地利用总体规划和村庄布局规划，根据发展需求逐年清理腾退规划不保留村庄，并按照“宜耕则耕、宜建则建、宜市则市”原则综合利用，复垦后节余建设用地指标由村集体调剂使用，土地整治收益纳入股权量化范围，进一步增加集体和农户收入。出台《平罗县农村房屋征收安置补偿暂行办法》，对征收程序、补偿标准、权属置换、土地利用等进行规范，确保房地收储公平公正。统筹各类涉农资金和项目，按照村庄布局规划，采取权属置换、退出土地复垦确权、集中建设租赁住房安置等方式整治闲置农房714宗，复垦耕地2 432亩。

探索宅基地“三权分置”机制，破解房地违规使用难题。按照“落实宅基地集体所有权，保障宅基地农户资格权和农民房屋财产权，适度放活宅基地和农民房屋使用权”的要求，加强集体经济组织在宅基地取得、流转、退出、有偿使用等方面的监管职能。对农户自愿退出宅基地但暂不建房的，颁发宅基地资格权证；农户放弃资格权的，退出土地复垦后按二轮承包地政策确权；对非集体经济组织成员占用宅基地的，颁发宅基地租赁权证。通过确权登记颁证，保障了农户的权益，解决了非集体经济组织成员使用农村房地问题，规范了农村房地管理。

探索集体建设用地高效利用机制，破解新产业发展用地不足难题。平罗县将农村宅基地制度改革与集体经营性建设用地入市改革有机结合，按照国有、集体土地同权同价的目标，将符合规划的集体建设用地和农户退出的闲置宅基地入市，探索“优先、就地、调整、整治”4种入市模式，为农村新产业新业态发展提供用地保障，吸引更多外来资本融入农村产业发展。目前，全县共有106宗集体经营性建设用地进行入市交易，其中34宗由退出的闲置宅基地转换取得。农村小微企业通过盘活利用闲置房地发展加工流通、休闲旅游等二三产业达169宗。

探索宅基地抵押贷款机制，破解农民房地用益物权实现难题。平罗县结合农村“两权”抵押贷款试点，将农民“房地一体”不动产权证纳入农村产权抵押贷款范围，建立健全农房农地价值评估和风险防范机制，拓展了农民房屋使用权能和资本功能，落实了农村集体经济组织宅基地所有权权能。同时，加强农村产权流转交易市场建设，优化办理流程，实行线上办理。截至目前，全县累计办理农民住房财产权抵押贷款605笔3 189万元，解决了农民融资难问题，探索了农民宅基地用益物权的有效实现形式。

2. 经验与不足　平罗县抢抓国家农村土地制度改革三项试点机遇，针对宅基地管理粗放、村庄布局分散、宅基地和农房闲置率高、农户超占使用宅基地、非法转让宅基地等现状，强化问题导向，大胆探索实践，建立了“超占有偿使用、新增有偿取得、转让政府补贴、审批县域统筹”4种新模式，规范了宅基地管理，提高了土地利用效率，形成特有的平罗宅基地复垦经验。

一是超占有偿使用。坚持“一户一宅、面积法定、户有所居”的原则，在宅基地270米^{2}法定面积确权的基础上，保留200米^{2}庭院经济用地无偿使用（确权时登记为庭院经济用地），对超出470米^{2}的部分，采取村民“一事一议”的方式确定收费标准，一次性收取有偿使用费，解决农户占有集体资源不均的问题，显化宅基地集体所有权；对规划保留村庄内宅基地面积超出540米^{2}的农户，允许其家庭成员中符合宅基地申请条件的，通过申请分户的方式依法取得宅基地使用权，将其原有宅基地确权为2宗，尽可能减少向农民收费。目前，全县清理腾退闲置宅基地580宗，收缴超占有偿使用费22 755宗1 088万元，通过分户取得宅基地使用权216户。

二是新增有偿取得。对申请使用新增宅基地的农户，必须坚持“符合规划、一户一宅、面积法定、依法审批、总量控制”的原则，每户审批面积不得超过270米^2，每平方米按照30元标准一次性缴纳有偿使用费，从源头上杜绝农村无“需”要地、无偿占地、无序建房、批而不建、建而不用等资源浪费现象。

三是转让政府补贴。针对宅基地和农房闲置率高的现状，按照“控制增量、盘活存量”的原则，鼓励符合宅基地申请条件的农户，在村集体的主导下，通过转让规划保留村庄内其他农户闲置宅基地和房屋的方式取得宅基地使用权，政府按照每宗8 100元的标准给予补贴，盘活存量宅基地，提高土地利用效率。目前8户农民通过转让方式取得宅基地使用权。

四是审批县域统筹。允许符合宅基地申请条件的农民以及从事农业生产经营、社会化服务的新型经营主体，打破乡镇、村组界限，在全县规划保留村庄内调剂审批或转让宅基地，促进农村土地集约节约利用，推动农村居住人口逐步向规划保留村庄集中。

三、典型平原山地过渡区

（一）安徽省寿县

寿县位于安徽省中部，淮河中游南岸，依八公山，傍淮、淠河，同省会合肥市接壤。近年随着大量的农村劳动力进城务工，寿县“空心村”问题也逐渐显现出来，造成了大量的土地资源得不到有效利用。土地利用现状已不能适应农业产业化经营和发展的需要，不利于农业产业结构的调整和农业规模化经营，严重制约了当地农民收入水平的提高、农村经济的发展和城镇建设的需要。通过调查走访，项目区内拆旧地块整治条件好，复垦潜力大，村民对改善居住条件，扩大耕地面积，增加收入有着强烈的愿望。

2012年3月29日，寿县人民政府办公室根据《国土资源部关于印发＜城乡建设用地增减挂钩试点管理办法＞的通知》，制定了《2012 年寿县城乡建设用地增减挂钩复垦项目实施方案》（寿政办秘［2012］24 号)，将宅基地复垦作为城乡建设用地增减挂钩项目开始实施。首先，对“空心村”进行排查摸底，大力宣传复垦的意义和政策。其次，组织农业、水利、乡镇、村委、群众代表现场踏勘选址，充分吸收当地群众和公众意见。第三，国土牵头水务、实施乡镇制定项目规划和施工、预算设计。第四，以村民代表大会的形式组织开展拆迁和补偿，对需要安置的拆迁户统一规划安置，被安置农户每户宅基地面积不得超过 160 米²。第五，组织实施复垦。第六，县国土部门自己验收后，申请市国土部门验收，市国土部门再申请省国土部门验收，获得挂钩指标使用批文。

1. 陶店回族乡 2015 年寿县第 6 批次城乡建设用地增减挂钩试点项目拆旧区，涉及陶店回族乡陶店回族村、马店回族村，共 1 个乡镇 2 个行政村 2 个地块，涉及农户 31 户，拆迁人口 94 人。拟复垦地块总面积 19.059 2 公顷，其中建设用地面积 19.059 2 公顷（图 6-8)。

图 6-8 寿县陶店回族乡闲置宅基地复垦调研与专家座谈会

（1）主要做法　根据土地整理标准及相关技术规范要求，综合分析项目区地形、水源、交通、土壤等自然条件，结合项目区农作物种植结构、所在乡镇社会经济条件，综合考虑项目区现有的水利、交通等基础设施的分布，来确定项目具体复垦工程技术。

一是由于本项目区内部高程差在30厘米以内，项目区进行了土地翻耕平整。二是复垦规划目标为水田，项目区灌溉水源主要是周边蓄水坑塘，灌溉方式主要为群众自发采用抽水泵从区外蓄水坑塘，抽水进行灌溉。三是田间道路主要为货物运输，项目区外道路发达，路面良好，为了照顾当地群众生活习惯，项目区内修建的道路根据各复垦地块的实际情况，与项目区外部合理衔接，更好为人畜下田作业和收获农产品服务。生产路路基宽度为3米，路面宽度为2.5米，以素土铺面，素土夯实路基厚度为20厘米。项目合计新建生产路1 213米。项目区土壤肥沃，水热条件好，生产潜力大。土壤管理上主要是保持地力，防止土壤污染，以保证项目区土壤的持续利用。

（2）主要成效　项目实施后经实地勘测，2个拆旧地块，复垦土地面积19.059 2公顷，新增耕地17.806 6公顷。原批准的拆旧区土地复垦面积19.059 2公顷，新增耕地18.205 6公顷，建新区周转计划指标17.626 4公顷，其中耕地16.339 0公顷。复垦后耕地质量达到周边耕地和建新区地块质量，项目区农田水利、田间道路等基础设施配套完善。

项目区的规划实施，有利于扎实稳步推进社会主义新农村建设的实践，实现党中央关于社会主义新农村“生产发展、生活宽裕、乡风文明、村容整洁、管理民主”的建设要求。一是有利于农业生产条件的改善，促进农业生产发展。项目实施后，项目区内零星散布的农村居民点得到整理，土地得到平整，田块规整成方，水利设施配套完善，田间道路和农田防护林成网，区内所有的耕地成为“旱能灌、涝能排”的高标准农田，农业生产条件明显改善，完善的田间道路系统和灌排系统，有利于推进规模化、专业化和多样化经营，更好地适应现代化农业生产的需要，有效提高耕地产出效率。二是有利于提高农民收入，促进农村富裕。项目区各村的绝大部分农民目前仅从事比较单一的农业。规划实施后，随着农业生产条件的改善和产出效率的提高，项目区内农作物的产量和效益将大幅提升，农民收入也相应增加。同时生产条件的改善，降低了农业的劳动强度，使农民逐渐从繁重的田间劳作中解放出来；机械化生产减少了田间耕作的时间，利于农民从事其他产业，也间接增加了农民收入。三是有利于改善农民生活环境，提高农民生活水平。陶店回族乡 2015 年第 6 批次土地复垦项目涉及马店、陶店两个村，共 8 个村民组，172 户，复垦面积 288.88 亩。项目区拆迁房屋 2.18 万米^2，清理树木 6 210 棵，清理杂物 1.2 万米^3，复垦土地全年给群众带来近 30 万的生产效益。

寿县陶店回族乡闲置宅基地复垦项目土地条件较好、资源相对丰富、复垦潜力大、技术方案可靠、经营管理模式可行，经济、社会、生态效益显著，群众积极性高，社会参与认同性强，上级支持、领导重视、部门通力配合，是配套保障的土地复垦好项目，其复垦工程措施可为其他地区闲置宅基地复垦提供经验。

2. 寿县正阳关农场 寿县正阳关农场有限公司实施农村闲置宅基地复垦项目涉及正阳关农场公司一分场复垦区、二分场复垦区、三分场复垦区，总面积共 4.082 6 公顷。项目通过现场实地踏勘调查，对农场公司种植结构、项目区地势起伏情况、地表附着物、土地复垦整治工程、灌排渠系及水工建筑物、田间道路工程等进行了科学规划设计（图 6-9）。

（1）主要做法与成效 寿县正阳关农场闲置宅基地复垦项目，主要涉及清理工程、平整工程、田块修筑、土壤剥覆工程。

清理工程主要集中在房屋拆迁、树木砍伐、地表碎渣清理、地面平整恢复等工序，该项工程量每个地块均不同，以实际丈量、统计为准。

平整工程主要用于条田的整体和局部平整。

土壤剥覆工程，主要采用现场调查方式确定区域及厚度，同时指定堆土区，做好水土流失及排水措施，待其他工序完成后，统一

图 6-9　寿县正阳关农场闲置宅基地复垦前后对比

进行平衡计算、土壤回覆，由此保护土壤肥沃，保证耕作层不被破坏，适合农作物生长。

道路工程路面材质主要为泥结碎石路面、素土路面，宽度 2～4 米不等，泥结石路面高度从原路面 8 厘米提高至 15 厘米，基础由 10 厘米提高到 15 厘米。复垦后，道路通达率从 60% 提高至 100%。灌溉工程中硬化渠道及排水沟清淤比例持续增加，其硬化类型以梯形为主，方式由现浇逐渐改成预制板为主，提高了水资源利用率及灌溉效率。渠系建筑物主要以涵、桥、闸为主，规格变化较少，主要为数量上增加。

复垦后，土地平整度得到很大改善，达到田成方，格田垂直道路的布局方式。通过施用有机肥，保证复垦后耕地的有机质含量及土壤养分不低于周边农田。正阳关农场公司一分场复垦区总面积 2.351 8 公顷，共拆迁建筑面积 1 834 米^2，拆迁农户 2 户，通过土地翻耕、整理，新增耕地 2.285 8 公顷，群众年增收 3.43 万元；正阳关农场公司二分场复垦区总面积 0.872 4 公顷，实施年份 2012 年，共拆迁建筑面积 680 米^2，拆迁农户 2 户，通过土地翻耕、整理，新增耕地 0.555 4 公顷，群众年增收 0.83 万元；正阳关农场公司三分场复垦区总面积 0.858 4 公顷，实施年份 2012 年，共拆迁建筑面积 669 米^2，拆迁农户 1 户，通过土地翻耕、整理，新增耕地 0.858 4 公顷，群众年增收 1.28 万元。

城乡建设用地增减挂钩项目实施以来，寿县共上报 39 个批次城乡建设用地增减挂钩项目，实施规模 822.9 公顷，挂钩周转指标 727.3 公顷。已获验收批复 24 个批次，新增耕地 573 公顷，使用周转指标 698.5 公顷，有效缓解了寿县建设用地的指标瓶颈。保证了保障性住房项目的实施，极大改善了群众的住房条件，提升了群众的生活质量，促进了小城镇发展。

（2）经验与不足　在对寿县正阳关农场开展的农村闲置宅基地复垦项目时，随着农村闲置宅基地复垦项目的逐年实施、复垦起点高、标准高，但资金投入有限、易拆迁的项目区越来越少，复垦难度逐年加大。项目实施完全以群众自愿，特别是地表建筑物较多的分场或群众居民点，补偿难以协调，造成农村闲置宅基地复垦项目实施难。

针对开展复垦工作遇到的问题，总结出以下经验：一是加大农村闲置宅基地复垦项目拆旧区实施力度，提高投资强度，多方联动，为复垦项目提供强有力的组织保障和技术保障。二是建新区用地指标的使用以实施方案的批复为审批依据，可快速使用建设用地和推进城镇化建设水平。三是农垦是地方经济的组成部分，建议今后加大农村闲置宅基地复垦区项目的投入力度，实现垦地共同合作，共同发展。

（二）吉林省延边朝鲜族自治州

延边位于吉林省东部的中朝边境，自 2019 年 6 月以来，延边朝鲜族自治州通过政府引导、行业指导、属地负责、分类实施、群众参与等方式，大力开展危旧房屋整治工作。一年来，全州累计投入资金2 527.68万元，拆除危旧房屋 10 150 座，占排查总量的 92.1%；拆除废弃仓房、畜禽棚舍等 4 950 处，占排查总量的 92.2%；拆除残垣断壁 1 059 处，农村人居环境明显改善

（图 6-10）。

图 6-10　延边朝鲜族自治州闲置宅基地复垦前后对比

1. 做法与成果　延边朝鲜族自治州闲置宅基地复垦工作开展过程中，坚持把农村危旧房屋拆除工作提升到实施乡村振兴、全面建成小康社会的高度加以推进。多次召开专题会议进行研究部署，统一思想，凝聚意志，落实任务，压实责任，形成党政“一把手”主抓，农业农村、住建、自然资源等多部门协作，州县乡村四级联动工作格局，全力拆除危旧房屋，并出台延边朝鲜族自治州整治农村危旧房屋工作指导意见，引导规范县市、镇村有序开展整治。把长期闲置、坍塌、影响村容村貌的农村危旧房屋和存在安全隐患的危旧房屋，有碍观瞻的仓房、杂物间、畜禽棚舍等建筑物以及各类残垣断壁等列入整治范围，全面摸清底数。对享受改造政策后的原危旧房屋、未取得规划许可的危旧房屋、影响公共安全的危旧房屋依法依规进行拆除；对机关、企事业单位和村集体所属的危旧房屋，由产权单位负责进行拆除或加固修缮；对其他危旧房屋通过动员协商等方式，引导农户自行拆除或修缮。拆除一批，保留利用一批，修缮加固一批。通过分类处置方式，达到精准推进效果。拆除前，对危旧房屋进行登记造册，建立台账，明确权属性质、数量、是否具备合法手续、用途等，作为将来征收、动迁时，享受国家相关政策的依据；拆除后，房主继续保留宅基地资格权、使用权，可耕作、可交易、可优先审批建房。通过建立一户一档，充分保障群众权益。

通过一系列务实举措，全州各地纷纷取得明显成效。龙井市智新镇明东村利用 6 处闲置宅基地，建设民宿发展乡村旅游，增加村集体收入；汪清县大兴沟镇河西村将18处危房拆除后的闲置宅基地进行整理，统一种植桔梗，夏季可赏花，秋季有收获；和龙市崇善镇大洞村东江屯破旧房屋存量多达20座，该镇通过谋划采摘园项目，为村民种上"摇钱树"，得到村民大力支持。

2. 经验与不足　针对延边朝鲜族自治州闲置宅基地复垦情况，主要总结出以下经验。一是要明确试点单位。结合地域差异、经济社会发展现状、农村人口转移情况、工作基础等因素，在每个县（市）选择1～2个村作为试点单位。二是要搞好宣传发动。与县（市）、乡（镇）政府及相关部门共同搞好宣传发动工作。安排人员进村入户，发放农村闲置宅基地盘活利用宣传读本及农村闲置宅基地盘活利用意向调查问卷，组织试点村农民参加座谈会，大力宣传解读指导意见的主要精神和盘活闲置宅基地的重要意义，做到农民对闲置宅基地盘活利用政策心知肚明，政府和相关部门对农民所盼所想了如指掌。三是要抓好实施服务。针对试点村实际情况，因村施策，做好政策引导和服务。重点在农村闲置宅基地及房屋使用权租赁、将闲置宅基地交回村集体收储、对收回宅基地实施集中复垦开发、用复垦宅基地置换建设用地发展新产业新业态等方面，加强对农民进行引导，尽可能使闲置宅基地的所有者转变观念，算好经济账，加入到盘活利用的工作中。

第二节　典型闲置复垦效果跟踪监测

一、数据获取

参考《土壤环境质量农用地土壤污染风险管控标准》（GB 15618—2018）和《土壤环境监测技术规范》（HJ/T 166—2006），选取砷、锌、镉、铅、铬、汞、镍7个指标进行分析评价。在了解复垦情况后，根据不同的地形地貌特点，每个区域选择两个具有代表性的地块，本着广泛的代表性与兼顾差异性，室内采用ArcGIS大致确定采样点位置，实地采样灵活调整。山区选择山上、泛区各两个地块，山区—平原过渡带与平原选择了水田、旱地各两个地块。采样时使用GPS进行精确定位，根据取样地块的大小和形状采用“S”法，随机采取3～4个样点的混合样，取样深度为0～20厘米，取样重量为2千克左右，所采集样品放入统一的样品袋，并在取土袋外附上标签。采回的土壤样品及时放在样品盘，剔除石子、砖块、植物残骸等杂质，摊成薄层，置于干净整洁的室内自然风干，严禁暴晒并避免污染物侵染，风干后进行研磨过筛，通过2毫米孔径尼龙网筛，用于pH和重金属的测定；将通过2毫米孔径筛的土样用四分法取出一部分继续碾磨，使之全部通过0.25毫米（60目）孔径筛，供有机质和全氮的测定。其中土壤pH采用电位法；有机质采用重铬酸钾容量法；全氮采用CHN元素分析仪分析；酸性土壤（pH<6.5）有效磷的测定采用氟化铵—盐酸溶液浸提—电感耦合等离子体发射光谱法（ICP-AES），中性和石灰性土壤（pH≥6.5）有效磷的测定采用碳酸氢钠溶液浸提—电感耦合等离子体发射光谱法（ICP-AES）。Cd、Pb、Cr采用电感耦合等离子质谱法，Hg、As采用原子荧光光谱法，Ni、Zn采用火焰原子吸收分光光度法。分析测试质量遵循相关国家和行业标准进行检验，测试结果符合监控要求。

以安徽省金寨县、寿县、泗县为研究对象，从南到北作为山区、山区—平原过渡带、平原的代表区域，对安徽省宅基地复垦土壤重金属清洁度分析，并作重金属污染溯源，基于重金属污染评价结果，提出土壤安全利用分区与管理管控策略，以期为宅基地复垦工作以及后期农田质量提升与农田管护提供技术支持。

二、复垦土壤清洁度分析

（一）复垦土壤重金属含量特征

利用SPSS 22.0软件获取研究区不同地形复垦土壤重金属主要指标的描述性统计量（表6-1），主要包括总体变化情况、含量分布和其他属性的信息。

表 6-1　复垦土壤重金属描述性统计特征（毫克/千克）

研究区	项目	Hg	Zn	As	Cr	Pb	Cd	Ni
山区	极大值	0.40	144.00	35.50	121.00	48.00	0.29	36.00
	极小值	0.24	87.00	33.90	62.00	35.00	0.08	22.00
	平均值	0.35	116.00	34.75	91.00	42.00	0.19	29.50
	标准差	0.10	28.00	0.75	30.00	6.00	0.10	6.50
	变异系数(%)	29.63	24.14	2.16	32.97	14.29	52.63	22.03
山区平原	极大值	0.38	87.00	43.30	69.00	22.00	0.15	40.00
	极小值	0.19	65.00	37.20	58.00	15.00	0.10	27.00
	平均值	0.29	76.50	40.20	64.00	19.00	0.13	34.00
	标准差	0.09	10.50	3.10	5.00	3.00	0.03	6.00
	变异系数(%)	31.94	13.73	7.71	7.81	15.79	20.00	17.65
平原	极大值	0.20	73.00	39.90	63.00	17.00	0.14	34.50
	极小值	0.14	70.00	38.90	55.00	15.00	0.08	33.00
	平均值	0.18	72.00	39.50	58.50	16.50	0.12	34.00
	标准差	0.02	1.00	0.40	4.50	0.50	0.03	0.38
	变异系数(%)	13.17	1.39	1.01	7.69	3.03	21.74	1.12
安徽省背景值		0.04	62.00	9.40	69.40	25.90	0.10	26.90

对比分析研究区域背景值和农用地土壤污染风险管控标准值(GB 15618—2018)，由表 6-1 可知，山区复垦土壤 Hg、Zn、As、Cr、Pb、Cd 和 Ni 7 种重金属的平均含量分别为 0.35 毫克/千克、116.00 毫克/千克、34.75 毫克/千克、91.00 毫克/千克、42.00 毫克/千克、0.19 毫克/千克和 29.50 毫克/千克，全部高于安徽省土壤重金属平均背景值，表明各元素在表层土壤中均存在富集，其中 Hg 和 As 分别高于背景值 8.75 倍和 3.7 倍，但 7 种元素平均值均未超过农用地土壤污染风险管控标准值。7 种元素的变异系数从大到小为 Cd>Cr>Hg>Zn>Ni>Pb>As，其中仅 Cd 变异系数超过 50%，其他元素变异系数均较小，说明 7 种元素在空间上的分布差异不大，积累受外界因素干扰较小。山区—平原复垦土壤 Hg、

Zn、As、Cr、Pb、Cd、和 Ni 7 种重金属的平均含量分别为 0.29 毫克/千克、76.50 毫克/千克、40.20 毫克/千克、64.00 毫克/千克、19.00 毫克/千克、0.13 毫克/千克和 34.00 毫克/千克，除 Cr 和 Pb 外，其他元素全部高于安徽省土壤重金属平均背景值，说明 Cr 和 Pb 元素在表层土壤中富集程度不大，Hg 和 As 分别高于背景值 7.25 倍和 4.27 倍，7 种元素平均值中 As 超过农用地土壤污染风险管控标准值 1.34 倍，表明 As 元素可能存在污染，7 种元素的变异系数均较小。说明 7 种元素在空间上的分布较平均，积累受外界因素干扰较小。平原复垦土壤 Hg、Zn、As、Cr、Pb、Cd 和 Ni 7 种重金属的平均含量分别为 0.18 毫克/千克、72.00 毫克/千克、39.50 毫克/千克、58.50 毫克/千克、16.50 毫克/千克、0.12 毫克/千克和 34.00 毫克/千克，除 Cr 和 Pb 外，其他元素全部高于安徽省土壤重金属平均背景值，说明 Cr 和 Pb 元素在表层土壤中富集程度不大，此情况和山区—平原类似，Hg 和 As 分别高于背景值 4.5 倍和 4.2 倍，7 种元素平均值中 As 超过农用地土壤污染风险值 1.58 倍，表明 As 元素可能存在污染，7 种元素的变异系数均较小，说明 7 种元素在空间上的分布较平均，积累受外界因素干扰较小。山区采样点为复垦区新试点批次，未种植农作物，山区—平原与平原重金属变异情况与超标情况较为相似，这可能与两地采样点均为种植农作物区域，受人为活动产生的影响有关。

（二）复垦土壤重金属污染评价

土壤重金属主要来源于成土母质和人为污染，其中人为污染输入往往通过大气沉降、污水灌溉等路径进入土壤，进而对土壤环境产生较大影响。复垦前的农村宅基地地理位置复杂多样，且受人类活动影响较大，分析不同的地形差异，可以进一步探究复垦区土壤重金属来源。为探究安徽省不同地形宅基地复垦后的土壤重金属污染情况，确保分析结果的可靠性，表 6-2 采用内梅罗综合指数法和潜在生态风险指数法对复垦区土壤重金属污染情况进行分析评价。

表 6-2　研究区重金属污染评价统计结果

研究区	评价方法	Hg（毫克/千克）	Zn（毫克/千克）	As（毫克/千克）	Cr（毫克/千克）	Pb（毫克/千克）	Cd（毫克/千克）	Ni（毫克/千克）
山区	内梅罗综合	0.18	0.64	1.1	0.69	0.48	0.82	0.45
山区—平原		0.18	0.32	1.39	0.37	0.17	0.31	0.32
平原		0.06	0.24	1.59	0.25	0.1	0.21	0.18
山区	潜在生态风险	342.44	1.87	36.97	2.62	8.11	58.76	5.48
山区—平原		280.98	1.23	42.77	1.84	3.67	38.66	6.32
平原		174.15	1.16	42.02	1.69	3.19	35.57	6.32

从内梅罗综合污染指数结果可以看出，山区 Hg、Zn、As、Cr、Pb、Cd 和 Ni 的综合污染指数平均值分别为 0.18 毫克/千克、0.64 毫克/千克、1.1 毫克/千克、0.69 毫克/千克、0.48 毫克/千克、0.82 毫克/千克和 0.45 毫克/千克；由高到低依次为 As＞Cd＞Cr＞Zn＞Pb＞Ni＞Hg，其中 As 平均值大于 1，存在轻度污染，元素 Cd 平均值大于 0.7，处于警戒线范围，应当引起关注，其他元素均处于安全范围；山区—平原 Hg、Zn、As、Cr、Pb、Cd 和 Ni 的综合污染指数平均值分别为 0.18、0.32、1.39、0.37、0.17、0.31 和 0.32 毫克/千克，由高到低依次为 As＞Cr＞Zn＝Ni＞Cd＞Hg＞Pb，其中除了 As 元素存在轻度污染，其他元素综合污染指数平均值均较低，不存在污染情况；平原与山区—平原各元素对比，除了 Hg 平均值远低于前者外，其余元素平均值相差不大，且也存在 As 轻度污染。研究区 As 污染情况表现为平原＞山区—平原＞山区。对于研究区均存在 As 污染这一情况，应当引起相关部门的重视，且山区一平原与平原已经为农作物种植区，更应及时追溯问题来源，及时采取管控措施，避免后期对人体健康产生影响。

参照前人相关研究的潜在生态风险分级标准，将重金属单项和综合潜在生态风险进行分级。山区 Hg、Zn、As、Cr、Pb、Cd 和

Ni 的潜在生态风险因子由高到低依次为 Hg>Cd>As>Pb>Ni>Cr>Zn；Hg 整体上处于极强生态风险水平，其余重金属元素均处于轻微生态风险水平。综合潜在生态风险指数 RI 的平均值为 456.25，说明山区整体上处于强生态风险的临界水平；山区—平原 Hg、Zn、As、Cr、Pb、Cd 和 Ni 的潜在生态风险因子由高到低依次为 Hg>As>Cd>Ni>Pb>Cr>Zn；除 Hg 整体上处于很强生态风险水平，As 处于中等生态风险水平外，其余重金属元素均处于轻微生态风险水平。研究区综合潜在生态风险指数 RI 的平均值为 375.47，说明山区—平原研究区整体上也处于强生态风险的临界水平；平原 Hg、Zn、As、Cr、Pb、Cd 和 Ni 的潜在生态风险因子由高到低依次为 Hg>As>Cd>Ni>Pb>Cr>Zn；结果显示情况与山区—平原较为一致。研究区综合潜在生态风险指数 RI 的平均值为 264.09，说明平原整体处于中等生态风险临界水平。研究区整体处于较强生态风险水平，重金属 Hg 为其风险主导因子，主要与本地背景值较低有关，及时查清 Hg 来源，对后期农田管护具有积极影响。

（三）复垦土壤重金属溯源

有效解析土壤重金属来源是重金属污染控制的基础，然而污染物在土壤系统中迁移过程复杂多样，且不同金属传输路径不一，导致定量分析土壤中重金属来源存在较大困难。相关分析和主成分分析等方法可有效用于辨识土壤重金属自然和人为来源，并且可以反映数据之间的关联，相互验证还能提高解析的客观性。

1. 复垦土壤重金属相关性分析 不同种类重金属之间的相关性常作为判别重金属是否具有共同来源的依据，通常认为有显著正相关关系的重金属有相似的来源。研究区内土壤 pH 平均值为 7.34，有机质含量平均值为 10.32 克/千克。土壤重金属含量之间的相关性分析见图 6-11。对 7 种重金属元素进行相关性分析，结果显示 Pb-Zn、Cr-Zn 和 Cr-Cd 呈极显著正相关，且相关性系数分别达到 0.92、0.97 和 0.98，Cd-Zn 和 Cr-Pb 呈显著正相关，表明 Pb、Zn、Cr 与 Cd 之间可能有相似的来源。Pb 和 Zn 之间高相关性可能是人类活动影响所造成。As与其他几种金属元素之间相关性均不明显，推测As相比于其他元素来源不同。研究区为人类活动频繁的农村居民区，人类各项活动影响着表层土壤重金属的含量，但各元素的来源及相关关系还需进一步验证。

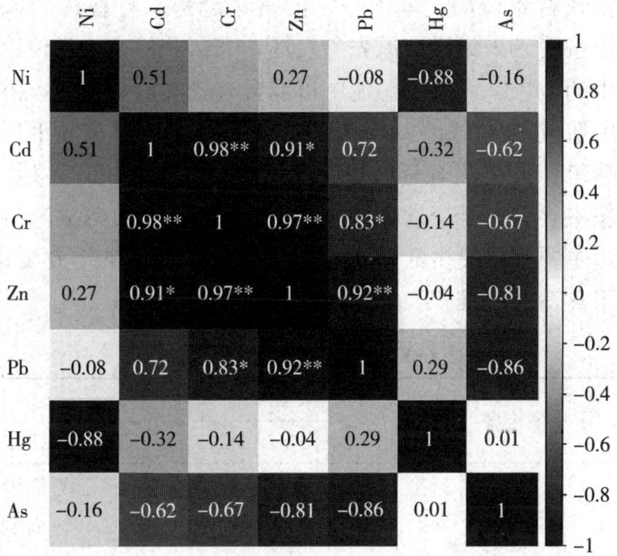

图 6-11　土壤重金属含量之间的相关性分析

注：*在0.05水平上显著相关；**在0.01水平上显著相关。

2. 复垦土壤重金属主成分分析　主成分分析可用于有效判别土壤中重金属元素的来源。由表6-3可知，提取2个主成分后，累积贡献率为92.33%，可以反映7种重金属的大部分信息。

PC1主要反映Zn、Cr、Pb和Cd的组成信息，方差贡献率为63.39%，其中Zn、Cr、Pb和Cd的因子载荷分别为0.99、0.97、0.88和0.94。有研究表明Cd为交通源重金属，主要源自汽车尾气排放、橡胶轮胎磨损、机动车机件磨损、汽车散热器、沥青或水泥路面磨损等。山区临近高铁连接线、新江路快速通道和东环路改造项目，受交通运输影响较大，故推测Cd来源于交通运输排放。Pearson相关分析结果显示，Pb-Zn、Cr-Zn和Cr-Cd呈极显著正相关，表明Pb、Zn、Cr与Cd之间可能有相似的来源，故推测Pb、Zn、Cr与Cd与交通运输排放有极大关系。PC2主要反映Hg的组成信息，方差贡献率为28.95%，其中Hg的因子载荷为0.96。研究区内Hg的变异系数达到43.46%，属于中等强度变异，且Hg元素含量较背景值高，呈现一定的富集趋势，存在污染风险。山区—平原过渡带采集样点原先为农场，家禽和牲畜的粪便以及人类生活产生的垃圾、污水、污泥中可能含有较高的重金属，淋溶下渗至土壤中造成土壤Hg含量值较高。对比研究区重金属平均含量整体变化趋势，以及调查资料显示推测，Pb、Zn、Cr与Cd重金属元素富集主要来源于交通运输污染，As主要受人类生产与居住活动影响，主要为居民生活燃料燃烧污染和废水污染排放源，Hg主要来源于禽畜粪便堆积。

表6-3　土壤重金属主成分载荷

重金属	主成分	
	PC1	PC2
Hg	−0.17	0.96
Zn	0.99	0.12
As	−0.83	−0.20
Cr	0.97	−0.01
Pb	0.88	0.46
Cd	0.94	−0.19
Ni	0.38	−0.89
方差贡献率（%）	63.39	28.95
累积方差贡献率（%）	63.39	92.33

（四）复垦土壤安全性利用分区

1. 安全性利用分区方案　农村宅基地不同的环境条件和利用方式对复垦土壤环境质量影响差异较大，因此缺乏完整的复垦区域土壤安全利用评价与分区管控策略。该文基于单因子指数法、内梅罗综合指数法以及潜在生态风险指数法3种评价标准，参考前人研究，整合提出复垦土壤质量安全性利用分区方案，具体划分方案及其表达见表 6-4。

表 6-4　安全性利用等级划分方案

等级	分区	划分标准
Ⅰ级	安全利用区	（$P_i \leqslant 1$；$P_n \leqslant 0.7$；$RI < 150$）
Ⅱ级	基本安全利用区	（$1 < P_i \leqslant 2$ 且 $P_n \leqslant 1$；$RI < 150$） （$0.7 < P_n \leqslant 1$ 且 $P_i \leqslant 2$；$RI < 150$）
Ⅲ级	低风险区	（$2 < P_i \leqslant 3$ 且 $0.7 < P_n \leqslant 2$ 或 $1 < P_n \leqslant 2$ 且 $1 < P_i \leqslant 3$；$RI < 150$） （$0.7 < P_n \leqslant 2$ 或 $1 < P_i \leqslant 3$；$150 \leqslant RI < 300$）
Ⅳ级	中风险区	（$3 < P_i \leqslant 5$ 且 $0.7 < P_n \leqslant 3$ 或 $2 < P_n \leqslant 3$ 且 $1 < P_i \leqslant 5$；$RI \leqslant 300$） （$0.7 < P_n \leqslant 3$ 或 $1 < P_i \leqslant 5$；$300 \leqslant RI < 600$）
Ⅴ级	高风险区	（$P_i > 5$ 且 $0.7 \leqslant P_n \leqslant 3$ 或 $P_n > 3$ 且 $1 \leqslant P_i \leqslant 5$；$RI \leqslant 600$） （$0.7 \leqslant P_n \leqslant 3$ 或 $1 \leqslant P_i \leqslant 5$；$RI \geqslant 600$）

基于上述 3 种指数评价法结果，运用统计学原理将研究区复垦土地安全利用分为 5 个等级，分别为：安全利用区（Ⅰ级），该区域表现为复垦区土壤重金属污染物浓度较低，环境质量处于安全水平，允许农业种植使用；基本安全利用区（Ⅱ级），该区域表现为复垦区存在少量土壤重金属污染物积累，不会对农作物生长和人体健康造成影响，区域土壤环境基本安全，允许农业种植使用；低风险区（Ⅲ级），该区域表现为复垦区存在少量土壤重金属污染物积累，且会对农作物生长和人体健康造成影响，建议治理后进行农业种植使用；中风险区（Ⅳ级），该区域表现为复垦区土壤重金属污染物含量较高，会对农作物生长和人体健康构成威胁，建议治理后视检测情况进行使用；高风险区（Ⅴ级），该区域表现为复垦区土壤重金属污染物含量高，会对农作物生长和人体健康构成严重威胁，限制进行使用。

2. 安全性利用分区结果　结合前述 3 种指数评价法结果，对研究区复垦土壤进行安全利用综合区域划分，其分区结果如表 6-5

所示。

研究区复垦土壤主要划分为低风险区（Ⅲ级）和中风险区（Ⅳ级）2个等级，各占研究区约50%的面积。低风险区主要分布在山区以及临近山区的山区—平原过渡带，中风险区主要分布在平原以及临近平原的山区—平原过渡带。研究区安全利用综合分区的污染程度和风险等级呈现“两极分化”的状态。经分区统计分析，结合实地调研，对低风险区和中风险区进行了重点分析发现：研究区主要富集元素为重金属As、Hg和Cd，其中Hg的本地背景值较低，山区Hg含量超背景值约6～11倍，山区采样点临近高铁连接线、新江路快速通道和东环路改造项目，受交通运输影响较大，山区—平原过渡带采样点原为农场，家禽和牲畜的粪便以及人类生活产生的垃圾、污水、污泥中可能含有较高的重金属。

表6-5　安全利用综合分区结果

研究区	分区（等级）	主要富集元素
山区	中风险区	As、Cd、Hg
山区—平原	中风险区、低风险区	As、Hg
平原	低风险区	As、Hg

3. 安全利用策略　通过上述分析结果和实地调研发现，研究区3种地形复垦土壤安全分区等级均较低，根据研究区不同安全利用综合分区等级的特征，结合不同分区内主要土壤重金属富集元素，因地制宜地提出土地分区利用及合理化管控策略。

研究区以Ⅲ级低风险区和Ⅳ级中风险区居多，对于低风险区应进行综合监控，监测农作物、灌溉水、大气的环境质量，减少污染源影响，适度优化使该区域土地状态缓慢过渡至安全状态；Ⅲ级中风险区应在加强预警的同时进行土壤有效修复，实时关注该区域土地状态，监测周围环境质量，预警污染范围，采取合理有效的土壤修复措施，筛选种植低富集农作物以及优化农艺措施。

三、复垦土壤肥力评价

（一）肥力评价方法

参照耕地地力评价技术规程（DB 11/T 1083—2014），对土壤肥力状况进行评价分析。影响评价农田土壤肥力的因素很多，全国测土配方施肥项目要求主要测定土壤有机质、全氮（N）、有效磷（P）和速效钾（K）等指标，根据实际情况，本项研究也选用土壤有机质、全氮（N）、有效磷（P）这3个指标。按照一般的农田土壤肥力评价标准，本评价办法也将评价结果分为5个等级，各指标的评分规则见表6-6。根据农田土壤养分特点和各养分指标在土壤肥力构成中的贡献，参考历史资料和有关专家的意见，确定土壤肥力各参评指标权重值（表6-7）。

表6-6　土壤肥力指标评分规则

项目	单位	评分规则				
养分指标		极高	高	中	低	极低
有机质	克/千克	≥30.0	30.0～20.0	20.0～15.0	15.0～10.0	<10.0
	分值	100	80	60	40	20
全氮（N）	克/千克	≥1.20	1.20～1.00	1.00～0.80	0.80～0.65	<0.65
	分值	100	80	60	40	20
有效磷（P）	毫克/千克	≥40.0	40.0～30.0	30.0～20.0	20.0～10.0	<10.0
	分值	100	80	60	40	20

注：各指标数值分级区间的分界点包含关系均为下（限）含上（限）不含，例如有机质“高”等级中，“30～20”表示“大于或等于20，且小于30的区间值”，其他类同。

表6-7　土壤肥力指标权重

项目	权重（W）
有机质	0.4
全氮（N）	0.3
有效磷（P）	0.3
合计	1.00

采用累加法计算每个评价单元的综合肥力指数，计算结果四舍五入取整数。

$$IFI=\sum(F_i\times C_i) \qquad (6\text{-}1)$$

式中，IFI 为耕地地力综合指数（Integrated Fertility Index）；F_i为第 i 个评价指标的评分；C_i为第 i 个评价指标的权重。

根据各指标的评分值和指标对应的权重值计算得到的养分综合指数，依据农田土壤肥力等级划分规则（表 6-8），将土壤肥力划分为“极高”、“高”、“中”、“低”和“极低”共 5 个等级。

表 6-8　土壤综合肥力等级划分规则

等级	综合指数
极高	100～95
高	95～75
中	75～50
低	50～30
极低	30～0

注：综合评分数值分级区间的分界点包含关系均为下（限）含上（限）不含，如“高”等级中，“90～75”表示“大于或等于 75，且小于 90 区间值”，其他类同。

（二）单指标分析

1. 安徽省　根据地形地貌特点，依照可行性原则，对安徽省金寨县梅山镇洪冲村 1 号点、安徽省金寨县梅山镇洪冲村 2 号点、安徽省金寨县油坊店乡西莲村 3 号点、安徽省寿县陶店回族乡 1 号点、安徽省寿县陶店回族乡 2 号点、安徽省寿县正阳农场 3 号点、安徽省寿县正阳农场 4 号点、安徽省泗县长沟镇老尤庄 1 号点、安徽省泗县长沟镇老尤庄 2 号点、安徽省泗县屏山镇屏西村雍庄 3 号点等采样点进行了土壤采样，并进行有效磷（P）、全氮（N）和有机质的测定（表 6-9）。

表 6-9　复垦土壤肥力单指标含量统计

类型	指标	最大值			最小值			均值
		数值	所在县	采样点	数值	所在县	采样点	
土壤肥力	有效磷（毫克/千克）	120	寿县	3 号点	12.5	金寨县	1 号点	50.69
	全氮（克/千克）	1.62	寿县	4 号点	0.56	泗县	3 号点	0.91
	有机质（克/千克）	15.4	寿县	3 号点	5.33	寿县	2 号点	10.32

（1）土壤有效磷　采样点土壤有效磷的平均值为 50.69 毫克/千克；土壤有效磷含量最大值为 120 毫克/千克，位于寿县正阳农场 3 号点；最小值为 12.5 毫克/千克，位于金寨县梅山镇洪冲村 1 号点。

（2）土壤全氮　采样点土壤全氮的平均值为 0.91 毫克/千克；土壤全氮含量最大值为 1.62 毫克/千克，位于寿县正阳农场 4 号点；最小值为 0.56 克/千克，位于泗县屏山镇屏西村雍庄 3 号点。

（3）土壤有机质　采样点土壤有机质的平均值为 10.32 克/千克；土壤有机质含量最大值为 15.4 克/千克，位于寿县正阳农场 3 号点；最小值为 5.33 克/千克，位于寿县陶店回族乡 2 号点。

对各指标进行等级划分，详见表 6-10。

表 6-10　复垦土壤肥力单指标等级划分

采样点	指标		
	全氮（克/千克）	有机质（克/千克）	有效磷（毫克/千克）
	等级	等级	等级
金寨县梅山镇洪冲村 1 号点	极低	极低	低
金寨县梅山镇洪冲村 2 号点	中	极低	中

（续）

采样点	指标		
	全氮（克/千克）	有机质（克/千克）	有效磷（毫克/千克）
	等级	等级	等级
金寨县油坊店乡西莲村 3 号点	低	极低	极高
寿县陶店回族乡 1 号点	中	低	低
寿县陶店回族乡 2 号点	低	极低	极高
寿县正阳农场 3 号点	高	中	极高
寿县正阳农场 4 号点	极高	低	极高
泗县长沟镇老尤庄 1 号点	高	低	高
泗县长沟镇老尤庄 2 号点	中	低	低
泗县屏山镇屏西村雍庄 3 号点	极低	低	极高

（1）土壤全氮　有 60％的点位土壤全氮等级为中等以上，其中正阳农场 4 号点全氮等级极高；20％的点位土壤全氮等级较低，泗县屏山镇屏西村雍庄和金寨县梅山镇洪冲村 1 号点土壤全氮等级极低。

（2）土壤有机质　土壤有机质整体呈现低等级，根据农田肥力评分细则，50％的点位属于低等级，40％的点位属于极低等级，仅有寿县正阳农场 3 号点为中等级。

（3）土壤有效磷　土壤有效磷整体等级较高，其中有 60％的点位为高及以上等级，50％的点位表现为极高等级，仅有 30％的点位为低等级。

2. 广东省　根据地理位置特点，依照可行性原则，对广东省新丰县涧下村 1 号点、新丰县涧下村 2 号点、龙门县龙潭镇 1 号点、龙门县平陵街道 2 号点等采样点进行了农村宅基地土壤采样，并对有效磷（P）、全氮（N）和有机质进行测定（表 6-11）。

表 6-11　复垦土壤肥力指标含量统计

指标	养分	最大值			最小值			均值
		数值	所在县	采样点	数值	所在县	采样点	
土壤肥力养分	有效磷（毫克/千克）	12.9	龙门县	1号点	5.52	新丰县	1号点	10.08
	全氮（克/千克）	0.93	新丰县	1号点	0.61	龙门县	2号点	0.83
	有机质（克/千克）	15.3	龙门县	1号点	4.03	新丰县	1号点	7.69

（1）土壤有效磷　采样点土壤有效磷的平均值为10.08毫克/千克；土壤有效磷含量最大值为12.9毫克/千克，位于龙门县龙潭镇1号点；最小值为5.52毫克/千克，位于新丰县涧下村1号点。

（2）土壤全氮　采样点土壤全氮的平均值为0.83克/千克；土壤全氮含量最大值为0.93克/千克，位于新丰县涧下村1号点；最小值为0.61克/千克，位于龙门县平陵街道2号点。

（3）土壤有机质　采样点土壤有机质的平均值为7.69克/千克；土壤有机质含量最大值为15.3克/千克，位于龙门县龙潭镇1号点；最小值为4.03克/千克，位于新丰县涧下村1号点。

对各指标进行等级划分，详见表6-12。

表 6-12　复垦土壤肥力单指标等级划分

采样点	指标		
	全氮（克/千克）	有机质（克/千克）	有效磷（毫克/千克）
	等级	等级	等级
新丰县1号点	中	极低	极低
新丰县2号点	中	极低	低
龙门县1号点	中	中	低
龙门县2号点	极低	极低	极低

（1）土壤全氮　有75%的点位为中等级，其中在新丰县1号点、新丰县2号点和龙门县1号点等级均为中，而在龙门县2号点土壤全氮等级为极低。

（2）土壤有机质　土壤有机质等级整体较低，其中75%的点位为极低等级，只有龙门县1号点土壤有机质等级为中。

（3）土壤有效磷　土壤有效磷全部为低及以下等级，其中新丰县1号点和龙门县2号点土壤有效磷等级极低。

（三）综合肥力等级划分

1. 安徽省　根据肥力评价方法，对安徽省复垦土壤综合肥力进行等级划分（表6-13）。

表6-13　复垦土壤综合肥力等级

采样点	综合指数	等级
安徽省金寨县梅山镇洪冲村1号点	26	极低
安徽省金寨县梅山镇洪冲村2号点	44	低
安徽省金寨县油坊店乡西莲村3号点	50	中
安徽省寿县陶店回族乡1号点	46	低
安徽省寿县陶店回族乡2号点	50	中
安徽省寿县正阳农场3号点	78	高
安徽省寿县正阳农场4号点	76	高
安徽省泗县长沟镇老尤庄1号点	64	中
安徽省泗县长沟镇老尤庄2号点	46	低
安徽省泗县屏山镇屏西村雍庄3号点	52	中

由表6-13可知，安徽省宅基地复垦后的土壤综合肥力等级为高、中、低、极低分别占比为20%、40%、30%和10%；金寨县土壤综合肥力等级均较低，梅山镇洪冲村1号点极低；寿县正阳农场土壤综合肥力等级最高；泗县土壤综合肥力等级相差不大，中等级占66.67%，低等级占33.33%。

2. 广东省　根据肥力评价方法，对广东省复垦土壤综合肥力进行等级划分（表 6-14）。

表 6-14　复垦土壤综合肥力等级

采样点	综合指数	等级
广东省新丰县涧下村 1 号点	32	低
广东省新丰县涧下村 2 号点	38	低
广东省龙门县龙潭镇 1 号点	54	中
广东省龙门县平陵街道 2 号点	20	极低

由表 6-14 可知，广东省农村宅基地复垦后的土壤综合肥力等级总体较低，中、低、极低等级分别占比 25%、50%和 25%；新丰县涧下村两个点土壤综合肥力等级相同，龙门县龙潭镇土壤综合肥力等级为中，平陵街道土壤综合肥力等级为极低。

（四）不同地貌类型的土壤肥力差异性分析

安徽省 3 个县区按照地理位置从南到北的顺序依次是金寨县、寿县、泗县，其地貌类型也是从山区到平原地带进行过渡，为了明确表现出不同地貌类型中土壤肥力单指标的差异性，采样点选择了山地和平原两种不同的地貌类型。为了更直观地展示不同地貌类型土壤肥力单指标的差异性，将 10 个采样点依次进行编号和地貌类型划分，并对不同地貌类型的土壤肥力指标（有机质、全氮、有效磷）进行差异性分析。

（1）土壤全氮　山地区的土壤全氮含量整体差异较小，其中金寨县梅山镇洪冲村 2 号点土壤全氮含量较高于其他两点；平原区土壤全氮含量整体差异较明显，最高值在寿县正阳农场 4 号点。整体来看，山地区土壤全氮含量低于平原区土壤全氮含量。

（2）土壤有效磷　山地区的 3 个采样点土壤有效磷含量差异较大，金寨县油坊店乡西莲村 3 号点土壤有效磷含量较高于梅山镇洪冲村 1 号点和梅山镇洪冲村 2 号点，含量最高，梅山镇洪冲村 1 号点远远低于其他两个采样点，含量最低；平原区寿县正阳农场 3 号点土壤有效磷含量最高，寿县陶店回族乡 2 号点和泗县屏山镇屏西村雍庄3号点含量最低，且低于山地区的土壤全氮最低值。整体来说，平原区土壤有效磷含量高于山地区。

（3）土壤有机质　山地区的土壤有机质含量整体变化不大，而平原区的有机质含量则整体变化较大。处于平原区的寿县陶店回族乡2号点，土壤有机质含量低于山地区的最低值。但整体来说，平原区土壤有机质含量高于山地区。

第三节　闲置宅基地复垦实践研究问题与建议

一、闲置宅基地利用问题和建议

（一）闲置宅基地利用问题

一是闲置比例高并仍在增加。据中国社会科学院农村发展研究所及社会科学文献出版社共同发布的《农村绿皮书：中国农村经济形势分析与预测（2018—2019）》显示，近年来，我国农村宅基地闲置问题日益严重。2019年初通过对140个调研村庄宅基地闲置状况及成因进行考察，76 446宗宅基地中闲置或废弃的宅基地高达7 266宗，样本村庄的宅基地闲置率平均为10.7%，进一步估算出全国农村宅基地闲置程度平均为10.7%。按四大区域分析，东部农村宅基地闲置程度最高，达13.5%，西部次之，东北第三，中部最低。

二是面积超标且大量存在。我国《土地管理法》中明确规定“宅基地的面积不得超过省、自治区、直辖市规定的标准”。但是由于宅基地无偿使用等原因，导致宅基地面积超标情况比比皆是。如河南郏县规定每户宅基地面积为167米^2，但是经调查发现，村中约95%居民的宅基地面积达到200米^2，导致宅基地用地面积大大增加，严重限制了其他用地的面积。同时，在土地面积少的县市，很难保证农户们“一户一宅、户有所居”。且由于不同村落间经济水平存在差异，对住房建设面积的限制工作难以顺利开展。部分村民在宅基地上建造大型别墅，占用大量农村土地，对其他村民的日常生活产生了影响。

三是规划布局滞后且执行力弱。虽然多数行政村编制了村庄建设规划，但绝大部分规划没有做到系统科学、多规合一，主要体现在村庄布局不合理，较少考虑公共基础设施、服务设施和产业发展，宅基地、集体经营性建设用地、公共用地间的分配比例不尽合理，使得规划在执行过程中，依旧重复着拆建循环的老模式，农民的积蓄还是都用在了拆房盖房上。同时，规划执行缺乏有效监督，农民规划意识薄弱，建房随意，私搭乱建仍时有发生，给后期确权颁证、闲置处理等工作带来了巨大困难，影响了村容村貌和村集体经济组织的发展，“空心村”现象大量存在。

（二）闲置宅基地利用建议

1. 优化宅基地审批程序　基于当前普遍存在“宅基地面积超标”和“一户多宅”现象，当地政府应该基于“一户一宅”的前提下，合理规定宅基地申请审批流程，严格控制宅基地面积，结合地区实际发展，科学规划各用地面积，也为后续宅基地腾退和复垦提供便利。

2. 实施农村宅基地有偿使用　当地政府可以通过制定相关政策，合理管理宅基地。如严格规定宅基地面积不得超过限制面积，超出的部分按阶梯价收取使用费；反之，若没有达到规定标准的，则按照适当标准进行补助奖励。针对“一户多宅”的现象，也采取有偿使用原则，多出的部分按照制定的相关标准收取有偿使用费用。对于有资格申请宅基地却自愿放弃申请的农户，同样给予补偿奖励。如此，既平衡了农户们的利益，又节约了用地面积。

3. 加强宅基地信息管理　由于各地宅基地复杂程度各不相同，因而需要加强宅基地信息管理，及时组织人员对当地废弃宅基地以及“四荒”（农村集体经济组织所有的荒山、荒沟、荒丘、荒滩）地进行调查登记，结合地理信息系统与遥感等信息技术，建立相关地理数据库并进行及时的更新。在专家的指导下，根据已有的综合数据因地制宜，制订相应的复垦计划。通过不断充实和完善宅基地复垦项目储备库，建立闲置宅基地复垦的长效机制，提高我国宅基地复垦的针对性和时效性。

二、闲置宅基地腾退问题和建议

（一）闲置宅基地腾退问题

截至目前，我国的法律法规都未对“户”的概念进行明确规定，加上法律规定农户可以无偿取得并长期使用宅基地，导致现实中农户用尽各种办法争取更多的宅基地，即使长期空置也不退出的现象。如成家后单独立户申请宅基地，成年后单独立户申请宅基地，甚至一出生就单独立户申请宅基地，造成农村在人口大量减少的同时，宅基地面积却不断增加，即使空置也鲜有农户自愿退出的局面。尽管2016年中央1号文件提出，“要摸索宅基地改革，积极探索宅基地有偿退出模式”，新修订的《土地管理法》增加了对农房以及公共设施的拆除补偿，鼓励农户们进城落户，自愿有偿退出宅基地的条款，但是，一方面，没有配套的法律法规规定的退出形式和具体流程，导致退出工作无法落实。另一方面，农民不再满足于宅基地的保障功能，更多的想要实现财产与收益功能。鉴于我国的宅基地无法自由流转买卖，导致宅基地退出补偿费用低，满足不了农户们的期望和需求，进一步削弱了农户退出宅基地的积极性。

（二）闲置宅基地腾退建议

1. 制定完备政策　正是由于目前宅基地退出和复垦还没有明确完备的法律规定，我国许多地区还不够重视，许多地方政府对于宅基地腾退工作指导不到位。目前作得较好的宅基地腾退复垦省份，以广东、安徽为首的一些地区，均采用了由村民自发组织复垦讨论，再交由政府扶持，村民自始至终参与到宅基地退出到复垦，以及后期管理的每个步骤，大大地提高了村民的积极性。同时，各个地方政府在制定宅基地相关文件时，务必要考虑明确相关模糊概念，如针对“一户一宅”，则要明确规定“户”的范围；针对“适当补偿”，务必提出具体的补偿措施等。

2. 做好思想工作　在具备完善政策的同时，地方政府也应该积极向村民们传递“谁复垦，谁受益”的思想，将宅基地腾退后复垦为耕地，仍然承包给农户，将耕地上的增值收入全部归到农户们手中，弥补了地方政府腾退宅基地补偿不足的情况，也使得农户们意识到宅基地腾退了之后也能为自己带来经济收入的好处，使农户们积极配合宅基地腾退，为以后工作的开展提供便利。

3. 提高宅基地腾退补偿　在我国最新修订的《土地管理法》中首次明确限制说明了征收土地的范围，并增加村民住宅补偿费和被征地农民社会保障费用，既使得征收土地有据可依，又提高了对农户的补偿。针对宅基地，当地政府可以适当提高宅基地腾退补偿金额，或者探索多方面补偿方式，如在宅基地腾退集中安置时，给安置农户提供更多基础设施补偿。

4. 建立复垦专项补助　对于农村经济困难以及丧失基本生活能力的住户来说，独立搬出老宅是不现实的。基于此种情况，一方面，可以通过国家补助援助经济特困户、留守老人等经济条件极差的住户搬出老宅；另一方面，地方政府可以与相关社会义工组织合作，帮助行动不便的住户搬至新宅安居点。

5. 保证一定量的资源冗余　城镇化并非一蹴而就，而是缓慢的、循序渐进的，随着人们认知的改变而逐步推进的转变。农民进城打工，可能遭到社会或者部分人的歧视，而农民经过思考，选择保留了农村的宅基地，这是经过理性的思考以及权衡了利益做出的选择。由于现在大部分闲置的宅基地为季节性闲置，且宅基地作为农户在农村最基本的生活保障，故保证一定量的宅基地闲置率可能是社会稳定发展的必备要素。

三、闲置宅基地复垦工程问题和建议

（一）闲置宅基地复垦工程问题

由于农村闲置宅基地大多数是以土砖房为主，地面大多可以分为两类：一类是混凝土地面拆除，另一类是素土地面拆除。由于混凝土地面在拆除过程中产生大量废渣，需要后期清除，而在土地平整过程中，往往大多数是直接粗放的用推土机将旧房推倒并平整土地，这样便造成了大量的砖砾等材料一同被压入了土壤，导致土壤结构被破坏，土壤肥力下降。素土地面拆除则主要是对庭院进行表土剥离，再进行客土回填。根据研究，由于土墙或者地基长时间压实没有翻新，且人为活动频繁，以至于土壤容重过大，故在客土回填过程中，最宜采取外部客土的方式。但是由于施工方意识不高，多采取就近原则，选择土墙捣碎土或者地基翻耕土作为回填的土壤，由于回填之后的土壤容重仍然过大，孔隙度较小，团粒结构过少，土壤肥力低下，并不具备良好的耕作条件，导致其复垦后土壤质量不高。

农业重金属污染一直都是我国的重要污染来源，就目前研究来看，土壤重金属主要存在于工矿废弃地复垦工程中。一方面主要是因为我国工矿地复垦工作开展较早，拥有完备复垦整治体系；另一方面，重金属离子在我国工矿地下较为富集，长久以来作为重点整治对象，而在农村宅基地中发现较少，并未引起重视。近年来，随着农业面源污染的增加，土壤中重金属离子在土壤中的迁移和富集问题日益严重。成都彭州市复垦耕地重金属超标地区多集中在北部，以 Zn、Cr、As 为主，呈现南低北高的现象，究其原因，主要是彭州市的北部多为大工厂生产，工矿业导致大量重金属渗入地下，复垦后的耕地受到严重的重金属污染。黄土高原地区多为我国重要的煤炭源产地，经过大量开采之后，导致生态环境被大肆破坏，如今为了响应国家“增减挂钩”的土地复垦政策，大量废弃露天采矿场和煤炭基地被复垦为耕地。但由于复垦工作的不规范，导致复垦后耕地普遍存在重金属污染情况。以重庆市黔江区为代表的中南部地区，地处亚热带季风气候区，雨水充足、雨热同期，新退出的宅基地由于排水设施不完善，使得地面长期积水，土壤水和地下水难以排出，土壤中的水肥气热条件得不到改善，地力下降。同时，以黔江高原一带复垦区为主，长期雨水冲刷导致水土流失严重，有效土源更加稀少，导致原本较差的耕地更加贫瘠。

（二）闲置宅基地复垦工程建议

1. 科学处理拆除废弃物　宅基地复垦的前期拆除工作中产生的大量废弃物，大多具有二次利用的潜能。如拆除工程中产生的完整废石、废砖、废瓦等可以作为建筑材料再次使用，有残缺的部分则可以作为田坎或者路基填充材料再利用；宅基地土墙捣毁后可以作为回填覆土，增加土壤有效厚度；拆除后，完整废木料则可以作为建筑材料再次利用，残缺废木料则可以作为柴薪。

2. 更新土壤培肥　就目前的研究和实地考察来看，我国对于宅基地复垦后的土壤培肥措施主要以施用有机肥为主，但是成本高、工程量大。可以通过有机肥、无机肥相结合的方式快速培肥，也可以采用绿肥和秸秆还田的方式培肥，加大培肥利用效率，减少浪费。另外，在生物培肥措施上，可以采用引入蚯蚓等土壤生物进行培肥，减少对土壤环境的破坏，实现经济和生态效益的双丰收。

3. 完善对土壤清洁度的监测与整治　随着土壤重金属离子的迁移和富集问题日益严重，土壤清洁度指标也成为宅基地复垦工作的重点考察对象。一般地处于轻度污染的地区常常采用施入石灰、硫酸盐、硅酸盐等改良剂，使之与重金属离子形成难溶化合物，降低其迁移性；而对于污染较严重的地区，常采用种植绿肥或者微生物改良的方式治理土壤重金属，然后根据整治后的土壤清洁度情况，优先作为建设用地或者其他农用地，不能直接复垦为耕地。

4. 严格遵循因地制宜的原则　我国国土为北纬4°～53°，东经73°～135°，横跨热带、亚热带、温带，拥有复杂的气候和地形条件。故复垦过程中应严格遵循因地制宜的原则，宜耕则耕，宜林则林。如重庆市黔江地区多为山区坡地，复垦后土壤有效耕作层较浅较低，需采取覆土措施提高有效土层厚度，土源确实不足的情况下，可以采取复垦为林地的方式，既保证了复垦土地的合理利用，又能够保持地方的水土。同时，选取适宜当地栽培的作物也尤其重要，如在西北地区宜栽培耐盐碱作物，在南方地区宜种植耐酸性作物。

5. 合理完善周边配套设施　完善周边配套设施主要是根据复垦地点的实际情况，考虑气候、地形、降雨等因素，进行周边设施的配套建设，若复垦为耕地则还应该考虑周边设施的水源和灌溉情况，与周边的田、路、林、渠等农田防护工程相互衔接。具体措施参考《高标准农田建设标准》（NY/T 2148—2012）、《土地整治项目规划设计规范》（TD/T 1012—2016），做到科学合理配套。

四、闲置宅基地复垦监测管护问题和建议

(一) 闲置宅基地复垦监测管护问题

针对现在存在的宅基地复垦后撂荒抛荒的现象，实施宅基地复垦监测管护就显得尤为重要。一方面，部分地区由于是个体农户或者村集体自发进行宅基地复垦工作，缺乏专业的指导，导致复垦工程普遍处于“量大质低”的情况，复垦后的耕地质量不达标，无法用作耕作，进而大面积撂荒，不仅降低了宅基地复垦的效率，也对环境造成了一定的污染。另一方面，由于当地政府缺乏对宅基地复垦过程的跟进，无法及时掌握宅基地复垦信息，导致无法实时更新质量等级，进而使得信息掌握与实际工作过程不匹配，延误宅基地复垦工程的推进。

宅基地的复垦质量控制标准也是实施检测管护的重要依据。由于我国宅基地复垦缺乏统一、完备的规范化标准，各地宅基地复垦没有严格的实施标准、验收标准，造成宅基地复垦的质量控制存在着很大的不确定性。验收标准不统一，宅基地验收和监管标准不一致，导致宅基地复垦后质量参差不齐。再加上在宅基地复垦过程中，轻视复垦农用地的质量建设，导致复垦后达不到高标准农田甚至基本农田建设标准。

宅基地复垦，尤其以山区宅基地复垦耕地的地块小、零星、分散，管护困难，为了不撂荒，大多由附近农户临时耕种，集体资产很难实现增值。复垦耕地效益低，影响了农户、集体经济组织将宅基地复垦为耕地以及对耕地保护性利用的积极性。同时，由于复耕耕地以种植主要粮食作物为主，收益不高，难以形成长期稳定的增收，由于许多地区缺乏统一监管的情况，故出现了部分农户擅自改变农用地用途的情况。

(二) 闲置宅基地复垦监测管护建议

1. 科学选址，合理规划 一方面本着宜耕则耕，宜园则园，宜林则林的原则，确定宅基地复垦用途，使其有利于复垦地块产生更高的效益，激发农户自觉自愿保护、培肥复垦耕地，提升周边农

户复垦宅基地的积极性，使宅基地复垦工作得以顺畅进行。另一方面，宅基地复垦试点单位在拆旧区选址时，应本着先易后难的原则，选择布局散乱、大面积闲置、利用率低且易于实施的村庄先期开展，降低试点难度，保障试点成功。

2. 制定科学合理的质量控制标准 复垦质量控制标准是复垦土地质量控制、质量提升等重要参考，也是宅基地复垦科学合理验收的关键步骤，更是建设高标准农田的重要依据。应该充分考虑相关限制因素，积极探索出一套科学合理的质量控制标准，减少宅基地复垦验收过程中主观因素的影响，使验收有据可依。

3. 加强监管力度 宅基地监测管护贯穿着宅基地复垦的整个过程，是宅基地复垦工作的重要环节，科学合理的监管制度是提高宅基地复垦工作效率的必要条件。质量是复垦工程和验收的关键，质量建设是复垦农用地利用的前提，也是防止复垦农用地非农化利用的有力保障。工程设计实施、监理部分要加强，建设用地转为农业用地的过程要加强，复垦出的土地，要重视质量的提升、利用和后期的管护，使复垦后的土地得以充分利用。

五、闲置宅基地复垦再利用问题和建议

（一）闲置宅基地复垦再利用问题

在三权分立的基础上，盘活宅基地是关键，宅基地复垦又是重要内容。目前，闲置宅基地主要有3种利用方式。一是闲置农房改造就地利用。即在满足规划、产业、安防等条件的基础上，对闲置农房进行改造，用于发展乡土产业、民宿、康养、休闲农业和乡村旅游。二是闲置宅基地整治就地利用。就是对闲置、废弃宅基地进行集中整治，在空间位置不变的情况下，作为宅基地、集体公益性建设用地利用，或者调整为集体经营性建设用地，用于解决农村二、三产业用地需求。三是闲置宅基地复垦置换利用。将闲置宅基地复垦成耕地，对置换的建设用地指标，利用城乡建设用地增减挂钩政策进行异地调剂，获得增值收益。但是，根据研究调查，大部分地区的复垦利用模式仍然局限于盲目的将宅基地复垦为耕地，欠

缺对宅基地复垦应该遵循“因地制宜”原则的考虑。

（二）闲置宅基地复垦再利用建议

1. 探索多方面复垦整理方案 我国宅基地主要以复垦为耕地为主，然而部分地区宅基地由于复垦后硬性指标完全达不到高标准农田建设要求，便任由其复垦为“荒地”。由此可见，各地更应该根据自身的实际情况进行复垦后宅基地的合理开发利用，“宜耕则耕、宜林则林”，对于确定不适于复垦为农用地的，可以在法律的允许下，根据需要，复垦为建设用地，又或者效仿河北省进行农宅合作社的经营，又或者发展成为农家乐、农业园、农村创业实习基地等等。

2. 盘活旧宅，发展新经济 闲置宅基地复垦项目可与“乡村振兴”、“农业现代化”等发展目标有机结合，对后期宅基地再利用方面加大资金投入，结合当地的生产特色，引进先进企业和领导人才，充分利用互联网平台，建立成加工、贸易、服务一体化的产业链或观光旅游农业，为当地群众提供更多高质量的就业机会，形成当地的特色发展模式，不断调整生产结构，推进现代化新农村建设。

六、闲置宅基地整理收益分配问题和建议

（一）闲置宅基地整理收益分配问题

经济支撑作为社会活动的起点与保障，人的行为最终也将落实在经济效益上。农村宅基地复垦整理，直接影响的主体是农民，但是在后期收益分配当中，农民却得不到合理的补偿，部分地区甚至还存在着农户利益被侵犯的局面。

一方面，闲置宅基地通过集中复垦整理，改变途径实现增值收益，实质上是土地增值收益。针对现在大力推行增减挂钩的局面，大量闲置宅基地复垦成为耕地，作为建设用地周转指标使用。但是由于缺乏明确的分配标准和分配机制，导致各方主体都试图从中获取最大的利益，最终，处于弱势群体的个体农户只能得到很少的收益，少数地区的村集体虽然承担了前期大量的复垦工作，但是却得不到任何补偿。

另一方面，宅基地本身具有一定的潜力增值性。随着城市建设用地的稀缺，大量农村建设用地转变为城市建设用地，经济效益得到飞

速提升，使得农村宅基地复垦周转指标价格越发上涨，但是针对腾退宅基地农户们的补偿金额却不见提高，这是广泛存在于宅基地整理中的问题。补偿大多以现实情况为基础，对期望中未来收益的评估远低于实际增值，农民获得的退出补偿收益相对于未来来说有很大的差距，这也间接造成了农户们对宅基地腾退的不满，降低了积极性。

农户通过腾退，损失了“宅基地”这一保障，但由于所处地区不同，经济发展水平不同，补偿结果也不同。发达地区经济较好，给予的宅基地指标流转补偿较多，经济欠发达地区则补偿较少，造成不同地区农户心理不平衡，引发社会矛盾激化。

（二）闲置宅基地整理收益分配建议

1. 使农户享受宅基地整理后增值收益　宅基地指标流转的方式相当于土地征收，在转化为城市建设用地后，经济价值得到了飞速提升，尤其是用于不同用途的指标转化后得到的价值增值更是悬殊，农户们主要是对于补偿无法随着土地价值增值而增加感到不满。基于此，当地政府应该建立动态补偿机制，除宅基地腾退补偿之外，还应该考虑土地的增值收益，开发利用后所得收益应分配一部分给农户。

2. 建立完善的收益分配制度　由于缺乏完备统一的收益标准和制度，导致部分地区普遍存在弱势群体收益分配不合理的情况，村集体或个体农户承担了复垦的大部分工作，却得不到合理的收益，严重影响了工作的积极性。当地政府应该重新规范分配制度，降低政府等强势主体在分配过程中的随意性，保障农民利益，严格遵循“谁复垦，谁受益”的原则，按照实际情况，提高个体农户和村集体的分配占比。

3. 根据不同地区发展，探索特色分配模式　由于各地经济发展状况不同，经济发展较好地区补偿较多，经济欠发达地区补偿较少。当地有关部门应针对农户们的不平衡心理加以理解和正确引导。在收益分配上，也应该充分考虑当地的实际情况，切勿生搬硬套其他地区的制度。如实在无法将更多的收益归给农户的情况下，可以通过加强医疗保障或者安置补偿等形式，将收益分配多元化，“取之于民，用之于民”。

参考文献

鲍金星，葛霖，张霞，等．2012. 重庆市农村建设用地复垦模式［J］. 农业工程，2（04）：47-50.

卞正富．1999. 煤矿区土地复垦条件分区研究［J］. 中国矿业大学学报（03）：37-42.

蔡健，兰伟．2007. 农村闲置废弃宅基地复垦耕种方式研究［J］. 中国农学通报（01）：160-163.

曾华锋，聂影．2013. 集体林权流转制度设计与市场行为研究［M］. 北京：中国林业出版社．

常换换，苏友波，张建生，等．2017. 空心村闲置宅基地复垦策略［J］. 农学学报，7（06）：34-37.

陈光银．2011. 西南丘陵地区农村居民点复垦设计探讨［D］. 重庆：西南大学．

陈鹏，陈鹏飞．2011. 生态学原理在土地复垦中的应用［J］. 辽宁工程技术大学学报（自然科学版），30（03）：408-411.

陈士超．2009. 神东矿区采煤沉陷区复垦土壤培肥技术研究［D］. 呼和浩特：内蒙古农业大学．

陈士银，周飞，吴明发．2007. 论新农村建设与农村宅基地合理利用［J］. 安徽农业科学（14）：4354-4356，4396.

陈卫，何如海，王超．2014. 农村土地制度改革的国际比较［J］. 世界农业（03）：96-100.

陈文兴，曾睿，汤凌燕．2018. 福建省农村宅基地退出探析［J］. 福建农林大学学报（哲学社会科学版），21（01）：22-28.

陈曦，望勇，等．2011. 北京市昌平区农村宅基地整理潜力分析［J］. 广东农业科学，38（14）：151-153.

储卫东．2014. 废弃砖瓦窑厂土地复垦及其生态学原理［J］. 国土资源情报（04）：47-50.

丁荣法，王勤，徐巨星 . 2011. 关于农村宅基地复垦法律问题的思考［J］. 杭州农业与科技（04）：24-25.

董新辉 . 2019. 新中国 70 年宅基地使用权流转：制度变迁、现实困境、改革方向［J］. 中国农村经济（06）：2-27.

范辉 . 2019. 农村宅基地退出的动力与平衡机制——基于社会发展机制的视角［J］. 江苏农业科学，47（19）：40-45.

范军富，李忠伟 . 2005. 露天煤矿排土场土地复垦及其生态学原理［J］. 辽宁工程技术大学学报（03）：313-315.

冯全洲，徐恒力 . 2009. 土地复垦的覆土厚度及覆土基质确定［J］. 安徽农业科学，37（25）：12091-12094.

宫伟，吕志刚 . 2009. 浅析水土保持的工程措施［J］. 水利科技与经济，15（08）：701-702.

国家环境保护总局 . 2004. 土壤环境监测技术规范 HJ/T 166—2004［S］. 北京：中国标准出版社 .

国家质量技术监督局中华人民共和国建设部 . 1999. 灌溉与排水工程设计规范 GB50288-1999［S］. 北京：中国标准出版社 .

国务院发展研究中心课题组，李剑阁，韩俊，等 . 2007. 2 749 个村庄调查［J］. 农村金融研究（08）：10-23.

贺振伟 . 2012. 矿区复垦土地可持续利用与产业转型机制研究［D］. 北京：中国地质大学 .

胡斐南，魏朝富，殷帅，等 . 2012. 西南丘陵山区农村废弃宅基地复垦工程技术研究［J］. 农业工程，2（03）：60-64.

胡贤辉，刘蒙罢，文高辉 . 2019. 发展权视角下的农村宅基地退出增值收益分配研究［J］. 国土资源科技管理，36（02）：85-94.

胡振琪，魏忠义，秦萍 . 2005. 矿山复垦土壤重构的概念与方法［J］. 土壤（01）：8-12.

胡震 . 2019. 农村宅基地产权法律表达的 70 年变迁（1949—2019）［J］. 中国农业大学学报（社会科学版），36（06）：66-74.

华心如 . 2018. 宅基地闲置成因及解决路径探究［J］. 湖北农业科学，57（19）：35-38.

华颖 . 2015. 重庆市农村宅基地复垦耕地快速培肥技术研究［D］. 重庆：西南大学 .

黄昌勇，徐建明 . 2010. 土壤学［M］. 北京：中国农业出版社 .

黄传响，亢新刚，崔秋华，等．2009. 恢复生态学研究与应用浅析［J］. 河北林果研究，24（03）：284-287.
黄璐水，罗海波，黎登琴，等．2014. 贵州农村地区宅基地退出模式及案例分析［J］. 江苏农业科学，42（04）：416-418.
冀保毅．2013. 深耕与秸秆还田的土壤改良效果及其作物增产效应研究［D］. 郑州：河南农业大学．
姜楠．2019. 宅基地“三权”分置的法构造及其实现路径［J］. 南京农业大学学报（社会科学版），19（03）：105-116，159.
荆新全．2011. 基于GIS的土地适宜性评价及其应用研究［D］. 呼和浩特：内蒙古师范大学．
景新超，梁勇，李希灿，等．2013. 中部粮食主产区增量经济型土地整理水土重构技术研究［J］. 中国土地科学，27（04）：66-71.
蓝宇枫．2018. 浏阳市农户农村宅基地退出意愿与补偿研究［D］. 长沙：湖南师范大学．
李二云．2012. 土壤酸碱性对植物生长的影响及其改良措施［J］. 现代农村科技（06）：48.
李华宇．2014. 基于农户家庭特征的农村宅基地一户多宅与闲置研究［D］. 杭州：浙江大学．
李劲峰，董建国．2018. 宅基地改革：打开乡村振兴新空间［J］. 农村·农业·农民（B版）（09）：13-15.
李敬峰．2008. 基于景观格局演变的农村居民点整理研究［D］. 南京：南京农业大学．
李艳营，李增元．2019. 乡村振兴视域下农村土地利用面临的挑战及其对策［J］. 清远职业技术学院学报，12（01）：41-47.
李振青，刘娟，舒行瑶．2002. 河岸冲刷和岸坡防护新技术发展［J］. 水利水电快报（17）：27-29.
刘春雷．2011. 干旱区草原露天煤矿排土场土壤重构技术研究［D］. 北京：中国地质大学．
刘广林．2012. 创新农村宅基地使用权流转之对策［J］. 改革与战略，28（06）：82-85.
刘洁．2019. 农村宅基地有偿退出机制研究［J］. 法制与社会（22）：163-164.
刘锐．2013. 农村宅基地退出问题再探讨［J］. 中州学刊（07）：68-73.
刘锐．2014. 农村宅基地性质再认识［J］. 南京农业大学学报（社科版），14

(01)：75-82.

刘守英 . 2015. 农村宅基地制度的特殊性与出路［J］. 国家行政学院学报 (03)：18-24，43.

刘天利 . 2016. 农村宅基地制度历史变迁及法律属性［J］. 法制与经济（05）：27-30.

刘小慧，陈英 . 2019. 宅基地闲置现状及其影响因素分析——基于甘肃省静宁县的实证研究［J］. 云南农业大学学报（社会科学），13（03）：56-62.

刘小慧 . 2019. 闲置宅基地：概念内涵、形成机理及治理路径［D］. 兰州：甘肃农业大学 .

刘志斌，范军富 . 2002. 生态演替原理在露天煤矿土地复垦中的应用［J］. 露天采煤技术（05）：27-30.

刘子骁，邓良基，周伟，等 . 2019. 有机物料对宅基地复垦土壤培肥效果评价［J］. 土壤，51（04）：672-681.

鲁明星，贺立源，吴礼树，等 . 2006. 基于 GIS 的华中丘陵区耕地地力评价研究［J］. 农业工程学报（08）：96-101，273.

罗林涛 . 2009. 关于旧村废弃宅基地复垦整理的思考［J］. 陕西农业科学，55（05）：173-175.

罗友进，余端，韩国辉，等 . 2015. 西南丘陵山区农村宅基地复垦景观格局和生态效应研究［J］. 农业资源与环境学报，32（05）：429-435.

吕贻忠，李保国 . 2006. 土壤学［M］. 北京：中国农业出版社 .

王秀姬 . 2011. 农村居民点土地整理与模式研究［D］. 青岛：中国海洋大学 .

王晓君 . 2015. 耕地土壤污染修复技术与设备研究［D］. 西安：长安大学 .

赵连仁 . 2013. 污染土壤整治与管理的研究［D］. 大连：大连海事大学 .

吕贻忠，李保国 . 2013. 土壤学［M］. 北京：中国农业出版社 .

米雪娇 . 2015. 彭山区农村宅基地利用时空变化特征及驱动力研究［D］. 成都：四川农业大学 .

宁汇荣，王伟 . 2019. 基于金寨县农村宅基地制度改革实践的思考［J］. 安徽工业大学学报（社会科学版），36（03）：33-38.

漆彦忠 . 2020. 宅基地的符号性与宅基地退出中的乡土惯习——以已购房农民为例［J］. 长白学刊（01）：112-119.

钱凤魁，王卫雯，张靖野，等 . 2016. 基于 Citespace 的土地利用领域研究态势分析［J］. 农业工程学报，32（S2）：344-351.

乔亮，高明，张宏，等 . 2013. 重庆市宅基地复垦中撤出物利用［J］. 农业工程，3（05）：100-104.

乔亮，王丹，高明，等.2015.三峡库区农村宅基地复垦耕地地力评价——以重庆市涪陵区为例［J］.中国生态农业学报，23（03）：365-372.

乔亮.2015.重庆市农村宅基地复垦耕地地力评价方法比较研究［D］：重庆：西南大学.

邱富财.2012.废旧宅基地复垦土壤改良与培肥措施［J］.福建农业（10）：12-13.

邱小倩，胡月明，朱阿兴，等.2020.基于关联规则的耕地质量评价数据检错方法研究——以广州市为例［J］.中国土地科学，34（03）：75-83.

任顺荣，邵玉翠，杨军.2012.宅基地复垦土壤培肥效果研究［J］.水土保持学报，26（03）：78-81.

上官彩霞.2015.城乡建设用地增减挂钩实施中宅基地置换的模式选择及其对农民福利的影响研究［D］.南京：南京农业大学.

邵乾榕，刘俊.2008.丘陵地区土地整理项目新增耕地测算方法研究［J］.西南农业大学学报（社会科学版），6（4）：12-15.

石璞.2013.基于GIS的吉林市采矿用地复垦适宜性评价［D］.长春:吉林大学.

宋明礼.2014.六道湾煤矿区土地复垦适宜性评价及措施研究［D］.乌鲁木齐：新疆农业大学.

宋伟，陈百明，杨红，等.2008.我国农村宅基地资源现状分析［J］.中国农业资源与区划（03）：1-5.

宋伟，陈百明，张英.2013.中国村庄宅基地空心化评价及其影响因素［J］.地理研究，32（01）：20-28.

苏曼.2017.基于农户分化视角的宅基地退出意愿及退出补偿方式选择研究［D］.南京：南京农业大学.

孙威，毛凌潇.2018.基于CiteSpace方法的京津冀协同发展研究演化［J］.地理学报，73（12）：2378-2391.

孙亚芳，王祖伟.2018.农村宅基地复垦耕地适宜性评价——以天津市西青区为例［J］.农业资源与环境学报，35（01）：24-31.

唐威.2018.农村宅基地整理与农民利益保护思考［J］.合作经济与科技（18）：36-38.

田莹莹，胡银根.2013.政府主导型宅基地置换的问题及对策［J］.经济研究导刊（15）：41-42.

王程，龙虹竹，陈国建，等.2016.重庆市宅基地复垦土源土壤分形特征研究——以渝西大足区古龙镇、万古镇为例［J］. 中国水土保持（06）：65-68.
王段 . 2016. 土地复垦适宜性评价研究［D］. 昆明：昆明理工大学 .
王芳，胥国海 . 2020. 以全域土地整治推动乡村振兴［J］. 中国土地（05）：54-55.
王捷，李杨，王志超，等 . 2019. 安康市汉滨区旧宅腾退复垦项目工程设计与应用［J］. 安徽农业科学，47（14）：224-227.
王婕，金丽馥 . 2019. 基于宅基地退出的增加农民财产性收入研究［J］. 改革与开放（13）：47-51.
王军，张亚男，郭义强 . 2014. 矿区土地复垦与生态重建［J］. 地域研究与开发，33（06）：113-116.
王世云 . 2014. 黄土高原露天煤矿复垦农用地跟踪监测研究［D］. 北京：中国地质大学 .
王顺明，刘听报 . 2019. 新野县耕地土壤质量抽样评价［J］. 现代农业科技（09）：172-173.
王万茂，韩桐魁 . 2002. 土地利用规划学［M］. 北京：中国农业出版社 .
王霞丽 . 2019. 农村宅基地退出机制研究［J］. 福建质量管理（23）：276.
王晓文 . 2015. 对水土保持中工程措施的研究［J］. 科技展望，25（14）：51.
王远燃 . 1998. 宅基地概念更新——湖北省的调查［J］. 中国土地（12）：15-16.
韦波 . 2012. 农户宅基地复垦及安置意愿研究［D］. 重庆：西南大学 .
邬芮奇 . 2015. 城乡建设用地增减挂钩中农民宅基地置换意愿及影响因素研究［D］. 四川农业大学 .
吴健生，王仰麟，张小飞，等 . 2020. 景观生态学在国土空间治理中的应用［J］. 自然资源学报，35（01）：14-25.
吴明英 . 2016. 彭州市废弃地复垦耕地土壤重金属污染评价［D］. 成都：成都理工大学 .
吴旭鹏 . 2011. 基于景观生态学的农村居民点布局及优化模式研究［D］. 重庆：西南大学 .
吴玉川 . 2014. 土壤污染的农业防治方法［J］. 农业开发与装备（09）：101.
吴泽斌，吴立珺，王宏挺 . 2018. 生态位视角下宅基地退出后农户家庭发展能力研究［J］. 湖南农业科学（10）：115-119.
伍齐良，殷建旗，侯宪东 . 2011. 澄城县废弃宅基地复垦引发的问题思考［J］. 陕西农业科学，57（02）：201-203.
武晓莉 . 2015. 晋西黄土区新增耕地土壤改良机理及最佳施肥配方研究［D］.

北京：中国林业科学研究院．
向保林，陈晓燕，李亮．2011. 农村废弃宅基地复垦研究——以重庆九龙坡区白市驿镇宅基地复垦为例［J］. 安徽农业科学，39（14）：8449-8451.
谢娜．2011. 两型社会建设中农村闲置宅基地利用研究［D］. 长沙：湖南农业大学．
闫锐，李彦霖，邓良基，等．2016. 3 种有机物料对宅基地复垦土壤易变有机碳的影响［J］. 水土保持学报，30（04）：233-241.
阳艳弟．2006. 区域耕地资源可持续利用评价研究［D］. 重庆：西南大学．
杨杰．2007. 宅基地问题的法律分析［J］. 南京农业大学学报（社会科学版）（02）：74-77.
杨尽．2010. 利用矿物改良土地整理新增耕地贫瘠土壤研究［D］. 成都：成都理工大学．
杨晶，易镇邪，屠乃美．2016. 酸化土壤改良技术研究进展［J］. 作物研究，30（02）：226-231.
杨亚楠．2008. 农村宅基地闲置状况研究综述［J］. 现代农业科技（14）：281-282，284.
杨玉敏，师学义，张琛．2016. 基于内梅罗指数法的复垦村庄土壤重金属污染评价及空间分布［J］. 水土保持研究，23（04）：338-343.
杨之珍．2009. 矿山露天开采的生态复垦概述［J］. 能源与环境（03）：85-87.
杨志鹏．2019. 公主岭市农村宅基地闲置问题研究［D］. 长春：东北师范大学．
杨志琴．2012. 土地复垦适宜性评价研究［D］. 昆明：昆明理工大学．
叶艳妹，吴次芳．1998. 我国农村居民点用地整理的潜力、运作模式与政策选择［J］. 农业经济问题（10）：3-5.
易小燕，陈印军，袁梦．2017. 农村宅基地整理收益分配研究进展与述评［J］. 环境与可持续发展；42（01）：18-21.
臧慧怡，曹金凤，仓昀．2018. 对苏北地区农村宅基地利用现状的思考［J］. 江苏农业科学，46（07）：346-349.
张斌，等，2012. 施用生物质炭后稻田土壤性质、水稻产量和痕量温室气体排放的变化［J］. 中国农业科学，45（23）：4844-4853.
张海明．2019. 当代中国土地产权制度变迁研究（1949—2015）［D］. 济南：山东大学．
张宏，高明，乔亮，等．2015. 农村宅基地复垦耕地不同种植模式对土壤理化性质的影响［J］. 水土保持学报，29（04）：91-96.

张静.2019. 水土保持措施在农村宅基地复垦中的应用研究［J］. 现代农业科技（13）：259，265.

张容军.2017. 农村闲置宅基地的界定与分类［D］. 长沙：湖南农业大学.

张瑞庆，张扬.2016. 宅基地复垦中存在的问题及措施［J］. 天津农业科学，22（11）：24-29.

张瑞庆.2019. 不同改良剂对宅基地复垦耕地土壤性状及作物生长的影响［D］. 杨凌：西北农林科技大学.

张世荣，薛丰昌，马昌忠.2005. 景观生态学在矿区土地复垦与生态重建中的应用［J］. 露天采矿技术（03）：39-41.

张世文，周妍，李贞，等.2018. 我国工矿废弃地复垦跟踪监测分类与方案确定研究［J］. 中国矿业，27（3）：87-92.

张孝成，石伟，等.2005. 开发整理土地新增耕地面积测算方法［J］. 重庆国土房产（002）：37-39.

张勇，徐成林.2018. 多功能视角下农村宅基地退出补偿价值构成［J］. 山西农业大学学报（社会科学版），17（08）：22-27.

章郁琼.2018. 浙江泰顺：试点 EPC 模式复垦宅基地［J］. 中国土地（05）：57-58.

赵海莉，张婧.2020. 基于 Citespace 和 Vosviewer 的中国水旱灾害研究进展与热点分析［J/OL］. 生态学报（12）：1-10.

赵牧秋，等，2014. 制炭条件对生物炭碱性基团含量及酸性土壤改良效果的影响［J］. 水土保持学报，28（04）：299-303，309.

郑红丽.2014. 农村宅基地复垦土壤理化性质及耕作适宜性评价［D］. 重庆：重庆师范大学.

中华人民共和国国家质量监督检验检疫总局中国国家标准化管理委员会.2005. 农田灌溉水质标准 GB5084—2005［S］. 北京：中国标准出版社.

中华人民共和国国家质量监督检验检疫总局中国国家标准化管理委员会.2012. 农用地质量分类规程 GB/T28407—2012［S］. 北京：中国标准出版社.

中华人民共和国国家质量监督检验检疫总局中国国家标准化管理委员会.2014. 高标准农田建设通则 GB/T30600—2014［S］. 北京：中国标准出版社.

中华人民共和国国家质量监督检验检疫总局中国国家标准化管理委员会.2016. 耕地质量等级 GB/T33469—2016［S］. 北京：中国标准出版社.

中华人民共和国国土资源部.2013. 土地复垦质量控制标准 TD/T 1036—2013［S］. 北京：中国标准出版社.

中华人民共和国建设部中华人民共和国国家质量监督检验检疫总局 . 2006. 节水灌溉工程技术规范 GB/T 50363—2006 [S]. 北京：中国标准出版社 .
中华人民共和国农业部 . 2006. 耕地质量验收技术规范 NY/T 1120—2006 [S]. 北京：中国标准出版社 .
中华人民共和国农业部 . 2006. 土壤检测第 2 部分：土壤 pH 的测定 NY/T1121. 2—2006 [S]. 北京：中国标准出版社 .
中华人民共和国农业部 . 2006. 土壤检测第 3 部分：土壤机械组成的测定 NY/T 1121. 3—2006 [S]. 北京：中国标准出版社 .
中华人民共和国农业部 . 2006. 土壤检测第 4 部分：土壤容重的测定 NY/T1121. 4—2006 [S]. 北京：中国标准出版社 .
中华人民共和国农业部 . 2006. 土壤检测第 6 部分：土壤有机质的测定 NY/T 1121. 6—2006 [S]. 北京：中国标准出版社 .
中华人民共和国农业部 . 2012. 高标准农田建设规范 NY/T 2148—2012 [S]. 北京：中国标准出版社 .
中华人民共和国农业部 . 2015. 耕地质量划分规范 NY/T 2872—2015 [S]. 北京：中国标准出版社 .
中华人民共和国生态环境部 . 2018. 土壤环境质量—农用地土壤污染风险管控标准（试行）GB 15618—2018 [S]. 北京：中国标准出版社 .
中华人民共和国水利部 . 2013. 农田排水工程技术规范 SL/T 4—2013 [S]. 北京：中国标准出版社 .
中华人民共和国住房和城乡建设部中华人民共和国国家质量监督检验检疫总局 . 2010. 泵站设计规范 GB 50265—2010 [S]. 北京：中国标准出版社 .
钟爽 . 2005. 矿山废弃地生态恢复理论体系及其评价方法研究 [D]. 阜新：辽宁工程技术大学 .
周江梅，黄启才 . 2019. 改革开放 40 年农户宅基地管理制度变迁及思考 [J]. 经济问题（02）：69-75.
周青云，孙书洪，王仰仁，等 . 2016. 复垦方式对农村宅基地土壤性质的影响研究 [J]. 中国农村水利水电（09）：24-27.
周妍，罗明，周旭，等 . 2017. 工矿废弃地复垦土地跟踪监测方案制定方法与实证研究 [J]. 农业工程学报，33（12）：240-248.
周玉民 . 2007. 基于可持续发展理论的矿区生态环境系统保护与综合治理的研究 [D]. 阜新：辽宁工程技术大学 .